乖，你聽畫

——希臘羅馬人間篇

人生好難，眾神還來亂？
那些西洋古典藝術的人間修煉場

葵花子　著

三民書局

自序

神話故事的迷人之處，在於超乎常識的想像、百無禁忌的情節，以及包容任何人用任何角度進入其中的神妙世界。對於希臘羅馬神話的喜愛，使我不甘只作為一位閱讀者，也興起以自身角度重新詮釋故事的念頭，於是以「乖，你聽畫」為名稱架設部落格、錄製Podcast，除了分享個人有感的神話傳說，也連帶欣賞以神話為創作靈感的西洋古典藝術，隨著接觸令人著迷的神話與藝術，越發感受希臘羅馬神話之於西方文化的深刻。

老實說，這件事從頭到尾的起心動念沒有高尚的目標，只有自我滿足的學習，意外的是，部落格和Podcast開始收獲一群有共鳴的讀者與聽眾，甚至獲得三民書局編輯部青睞，使這原本出於私心的寫作，有機會得到更多讀者朋友的指教，至今依然誠惶誠恐的懷疑這可能是場美夢。

「乖，你聽畫」系列挑選西洋古典藝術取材希臘羅馬神話的熱門主題，藉由回歸故事源頭，歸納出故事轉化成藝術的必備圖像，即便面對全然陌生的畫作，也能藉由關鍵的圖像元素辨識出繪畫主題。

前冊《希臘羅馬眾神篇》上場的是出鏡率最高的天界大神，此冊《希臘羅馬人間篇》出演的則是討論度最高的人間生活。只不過，奧林帕斯眾神有多任性，生活在眾神統治下的人們就得更有韌性——眾神一言不合就降下毀滅災難，三不五時還釋放恐怖怪物，無助人類懇求神諭指點，卻老是得到比謎語更謎的答案，你說說這種生活怎麼過？

《希臘羅馬人間篇》從人類世代的起源開啟，在無法計量的悠長歲月，神話人物為悲慘迷惘的生活奮鬥、在求而不得的愛情中掙扎，好在他們夠堅韌，怪物的存在不只嚇唬人類，更用來成就英雄的誕生；悲劇的因果不只打擊人類，更藉此昇華人們的精神。如果人因夢想而偉大，那夢想成真前的怪物、悲劇，與那份勇敢對抗的力量，定是必不可缺的關鍵要素。眾生的命與運在諸神擺布下掙扎，悲苦喜樂全交織在這座人間修煉場，傳誦出一篇篇發人深省的故事，甚至轉化為現代心理學的典故依據：伊底帕斯王是戀母情結的原型、水仙花美男納西瑟斯成為自戀教主、雕刻家皮格馬利翁則化身美夢成真的最佳代言人……，他們的故事是如此貼近人心而歷久彌新，因而跨越世代來到我們面前。

《乖，你聽畫》是一套希臘羅馬神話的故事書，也是一套古典繪畫的藝術書，我必須誠實說，這不是套具備學術研究價值的藝術書籍，而是希望你「讀懂故事就能看懂名畫」的輕鬆讀物。其實，對於沒有西洋藝術基礎的一般大眾如我而言，光是看懂「這幅畫到底在畫什麼內容？」就足夠拉近與西洋古典藝術的距離了，也唯有奠基於此，才有能力進階欣賞藝術的表現形式，乃至於透過藝術深化我們日常生活的美感。

我必須再次誠實說，閱讀完此書，你可能沒辦法獲得點評藝術的專業能力，但至少下次去美術館或博物館裝文青或尷尬約會時，保證會有不少有趣話題讓你發揮！至少，已經有讀者帶著《乖，你聽畫》旅遊歐美博物館，探索西洋古典藝術的美妙之處了！

葵花子

二〇二三年七月

目次

主題二　英雄與怪物的冒險

Chapter

9

Chapter

10

神話英雄大家族

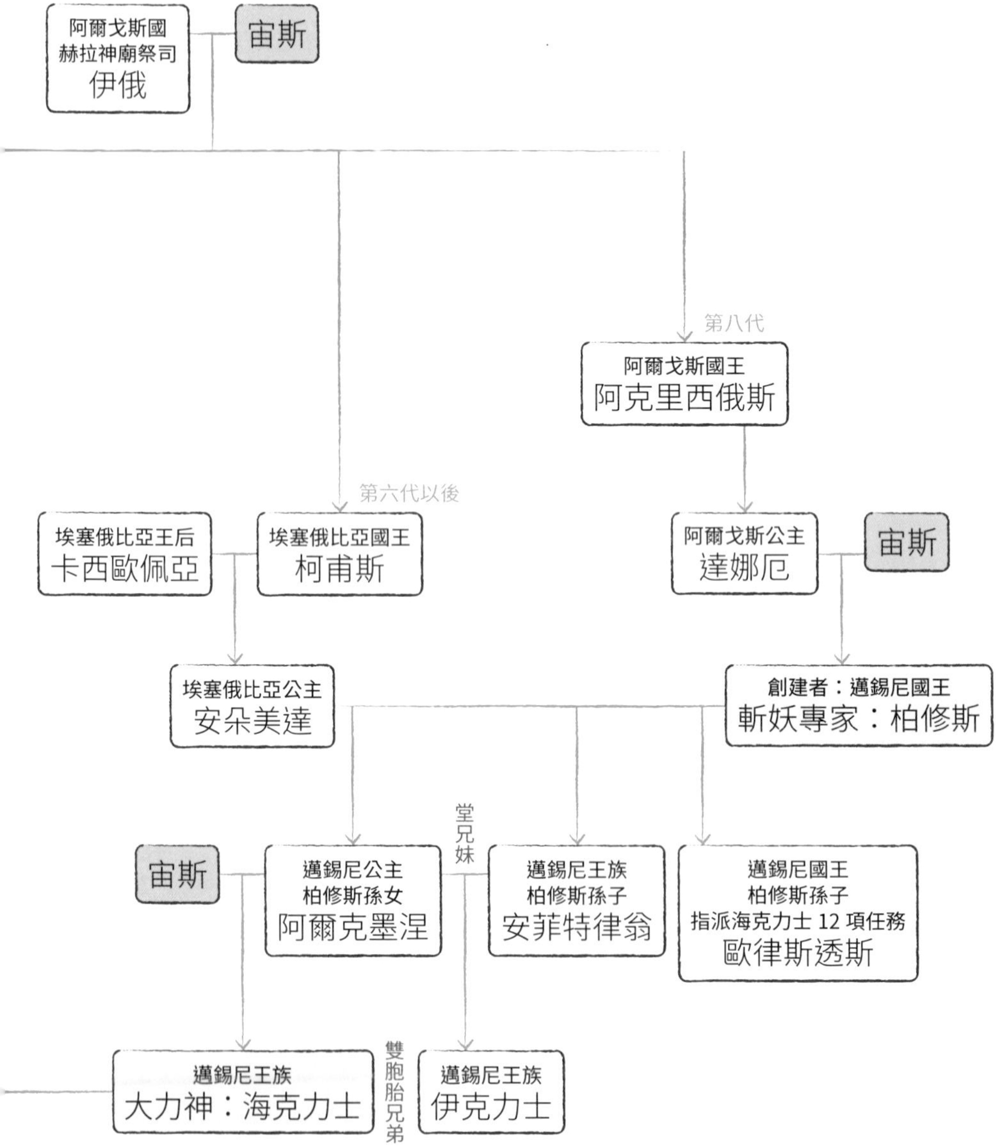
阿爾戈斯國
赫拉神廟祭司
伊俄
宙斯
第八代
阿爾戈斯國王
阿克里西俄斯
第六代以後
埃塞俄比亞王后
卡西歐佩亞
埃塞俄比亞國王
柯甫斯
阿爾戈斯公主
達娜厄
宙斯
埃塞俄比亞公主
安朵美達
創建者：邁錫尼國王
斬妖專家：柏修斯
堂兄妹
宙斯
邁錫尼公主
柏修斯孫女
阿爾克墨涅
邁錫尼王族
柏修斯孫子
安菲特律翁
邁錫尼國王
柏修斯孫子
指派海克力士 12 項任務
歐律斯透斯
雙胞胎兄弟
邁錫尼王族
大力神：海克力士
邁錫尼王族
伊克力士

備註 1：王室家族體系龐大，僅列出本書出場之人物

備註 2：家族源頭「伊俄與宙斯」的故事請見
《乖，你聽畫：希臘羅馬眾神篇》〈孔雀美麗尾羽下的殘忍祕密〉

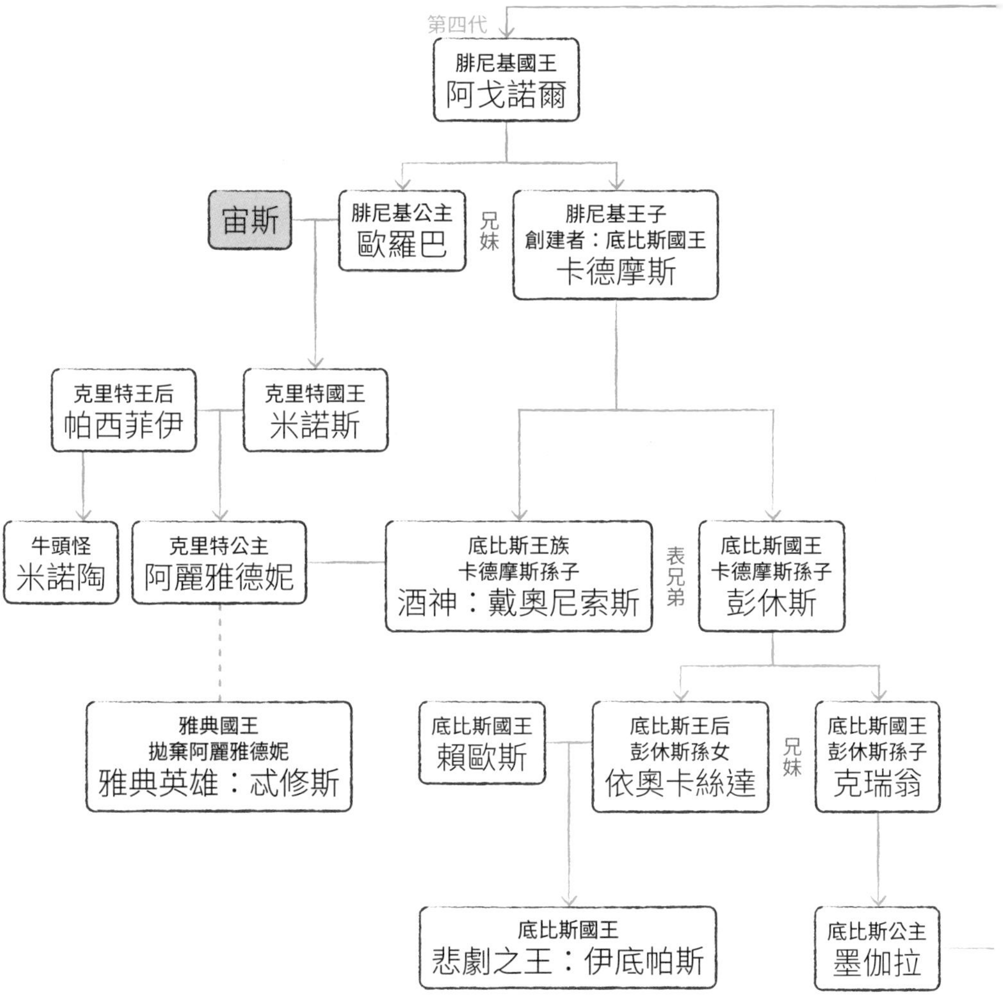

普羅米修斯家族

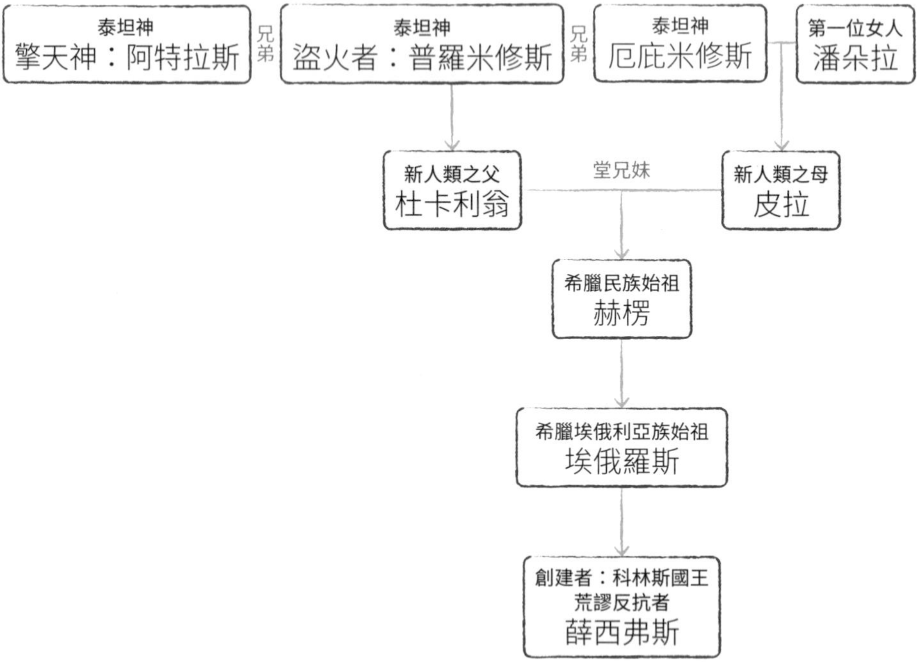
泰坦神
擎天神：阿特拉斯
兄弟
泰坦神
盜火者：普羅米修斯
兄弟
泰坦神
厄庇米修斯
第一位女人
潘朵拉
新人類之父
杜卡利翁
堂兄妹
新人類之母
皮拉
希臘民族始祖
赫楞
希臘埃俄利亞族始祖
埃俄羅斯
創建者：科林斯國王
荒謬反抗者
薛西弗斯

主題一

厭世卻勵志的人生

Chapter

1

盜火者的爆肝懲罰

——普羅米修斯的折磨

好萊塢金獎大導雷利．史考特執導的科幻電影《普羅米修斯》，劇情圍繞一艘名為「普羅米修斯號」的太空船，船上科學家飛往外太空探索人類生命起源的線索，卻意外發現可能導致人類滅絕的危機。電影將這艘太空船命名為「普羅米修斯號」自有其典故，因為希臘神話的「普羅米修斯」(Prometheus) 正是人類的創造神。

相較於奧林帕斯眾神，普羅米修斯的知名度或許不高，卻是西方文化極重要的精神象徵，沒有任何神祇比他更為人類著想，也沒有任何神祇比他更為人類受罪。簡而言之，普羅米修斯就是一位在「人類保衛戰」落敗，最後被丟去餵老鷹的肝苦男神。

眾神之王宙斯 (Zeus) 並非出生即稱王，為了爭奪世界統治權，他率領「奧林帕斯神族」，以下犯上對抗父王克洛諾斯 (Cronus) 領導的「泰坦神族」。兩代神族殺得難分難解，天界大戰漫長的彷彿沒有盡頭，但泰坦神族的普羅米修斯預判了戰爭結果，決定提前倒戈到宙斯陣營，而最終戰局果然如他所料，奧林帕斯神族迎來壓倒性的勝利。

為何普羅米修斯能精準預知戰爭結局呢？普羅米修斯 Prometheus 字首 "Pro-"，古希臘語意為「在前」，代表洞燭機先的先知先覺者，擁有預判未來的智慧與遠見，因此能提前評估贏面選邊站。普羅米修斯是先見之明的智者，亦是博學多聞的天才，但天性卻是挑戰權威的叛逆男孩，這種充滿反差魅力的人物設定，為他招致接下來的慘痛教訓……。

人類保衛戰第1回合：挑戰老闆的權威

總之，宙斯登基成為神族集團的新任大老闆，同屬陣營的諸神該升遷的升遷、敵對陣營的泰坦神被裁員的裁員，眾神功過賞罰分明，世界秩序井然有度，現在只剩一個大問題：眾神與人類的界線何在？

希臘神話關於人類起源眾說紛紜，或說是眾神共同創造，或說是普羅米修斯依神祇形象取土壤和雨水所塑造，再由智慧女神雅典娜 (Athena) 賦予人類靈魂。在前任神王克洛諾斯領導的黃金時代，這群初代人類備受眾神眷顧，大地無條件供給人類取之不盡的食物，人們永保青春直至死亡降臨，而逝去的靈魂會化作環繞大地的精靈。

到了神王政權轉移的新世界，宙斯老闆想要重新檢視眾神與人類的共處規則，他把這項艱難任務交給了聰明又叛逆的普羅米修斯，順便測試這位跳槽過來的泰坦神員工對自己的忠誠度。

普羅米修斯接到指令後，牽來一頭肥美的大公牛，快刀俐落將公牛支解成兩堆：一堆是塗抹著牛油的牛骨，閃耀令人垂涎的晶亮光澤；另一堆是覆蓋住內臟的牛肉，散發令人反胃的噁心氣息。普羅米修斯將這兩堆東西並呈在宙斯面前，請他挑選屬於神的部分，由此區分神與人的本質差異。

宙斯選擇了前者，但當他翻開這堆塗著雪白油花的牛骨，發現怎麼翻都只有骨頭、骨頭和骨頭時，當場對普羅米修斯大發雷霆！

「骨」架構形體且不易腐爛，是生命體最接近「不死」的部位；「肉」提供營養卻易腐壞，象徵生命體「必死」的特性。普羅米修斯以「骨與肉」象徵「永生與死亡」，這種本質差異成為區分神與人的重要關鍵：眾神永生不滅、凡人終有一死。自此之後，永生的眾神與必死的人類透過敬神的獻祭儀式產生連結——眾神以人類獻祭牲畜而焚燒骨頭的香火來提升元氣（塗著雪白牛油的牛骨最棒！），人類以進食獻祭後的肉品來獲取養分——這就是普羅米修斯對人神定位的合理安排。

尊為奧林帕斯集團大老闆的宙斯怎會不明白「骨」與「肉」的隱喻，他本就打算選擇牛骨，但他痛恨普羅米修斯以假象覆蓋真實，防範他選中預留給人類作為食物的牛肉。宙斯認為普羅米修斯偏袒人類的欺騙手段，擺明是挑戰他的絕對權威，暴怒的宙斯老闆對普羅米修斯的提案簡報甚不滿意，決定要人類為此付出代價。（宙斯大大～您這是隨便遷怒啊！）

人類保衛戰第2回合：無視老闆的禁令

普羅米修斯能看清戰爭結局，卻摸不清老闆心思，導致極度不爽的宙斯為教訓人類，決定藏起人間的重要資源：「火」和「麥」。

從前，宙斯會在梣木頂端燃燒火焰供人類無償使用，大地也會自動長出麥子讓人類免費食用，如今火焰和麥子從人間消失，人類瞬時從爽爽過的好日子，陷入攸關存亡的大災難。

普羅米修斯同情人類的遭遇（畢竟大部分原因是他造成的！），於是無視宙斯老闆的禁令，悄悄登上奧林帕斯山盜取宙斯的火種，將火種藏在茴香稈內偷渡到人間。人間有了火，人們就不會因寒冷而顫抖，也不必為暗夜而擔憂，更不用茹毛飲血而食物中毒。除此之外，普羅米修斯還手把手傳授農耕技術，將宙斯藏在大地的麥籽變成糧食，從而教導人們透過勞動來發展文明。

人類保衛戰第3回合：爆肝的人事懲處

當人間再次升起冉冉煙火，宙斯也生起熊熊怒火，驚覺火種被盜的宙斯在奧林帕斯山大發飆！宙斯號稱以理性與秩序治理世界，對於三番兩次挑戰權威的員工絕不寬貸，他即刻發布人事命令，下令嚴懲調皮搗蛋的盜火者普羅米修斯。

宙斯命令匠神兼火神的赫菲斯托斯（Hephaestus）打造一副堅固鎖鏈，再由信使之神荷米斯（Hermes）將普羅米修斯押到高加索山，牢牢鏈綁在寒風刺骨的高山峭壁。宙斯的懲罰可不只如此，他派出一隻巨鷹啄食普羅米修斯的肝臟，吃乾抹淨不留一點殘渣；但到了夜晚，普羅米修斯的肝臟會再生長出來，等著隔日一早讓老鷹啄食。

雖然普羅米修斯在人類保衛戰中勉強保住人們，卻因勇敢挑戰威權而淪為悽慘的犧牲品，這種抖S的循環式虐待，日復一日又年復一年，令普羅米修斯深刻體會「肝苦無人知」的劇痛。三萬年過去，直到宙斯的私生子大力神海克力士用利箭射死巨鷹，才將普羅米修斯從痛不欲生的爆肝懲罰中解放出來。

奧林匹克聖火的由來

普羅米修斯是人類的創造神，同時是技藝的指導師、文明的傳遞者，幫助人類在任性善變的眾神統治下生活，卻也因保護人類而受盡酷刑虐待。普羅米修斯作為人類文明英雄，是西方文化極其重要的精神象徵，最廣為人知的致敬標誌，當屬奧林匹克運動會的聖火。

四年一度的奧林匹克運動會在開幕數月前，會於奧運發源地——希臘奧林匹亞的天后赫拉 (Hera) 神廟採集聖火火種，聖火會透過接力方式傳遞到下屆奧運的主辦國，並在奧運開幕當天由最後一位聖火火炬手點燃體育場的主火炬。奧運聖火正是為了紀念為人類盜火的普羅米修斯，而聖火傳遞的接力儀式，則象徵著生生不息的意義。

藝術主題——普羅米修斯的折磨

普羅米修斯費盡千辛萬苦盜火，改善原始人類茹毛飲血的野蠻生活，成為文明演進的重要推動者，但西方藝術家以普羅米修斯為創作主角時，卻偏好以「爆肝餵老鷹」的獵奇畫面衝擊觀畫者的心靈，彷彿普羅米修斯叫得越悽慘，越能喚起人類的崇高敬意。

欣賞藝術品時，掌握以下關鍵線索，即能辨識出這位受苦受難的「盜火者」！

✦ 5個關鍵線索

(1) 主要動物：老鷹
(2) 主要人物：普羅米修斯，被老鷹啃食肝臟而痛苦哀號的裸男
(3) 輔助物件1：鐵鏈，將普羅米修斯的雙手鏈綁於岩石上
(4) 輔助物件2：燃燒的火炬，象徵普羅米修斯的盜火者身分
(5) 畫面場景：高山岩石場景

法蘭德斯巴洛克藝術大師魯本斯出品的畫作〈被縛的普羅米修斯〉，由他與同為法蘭德斯畫家的斯奈德共同完成。

斯奈德是專業的動物飼養員兼動物畫家，曾擔任魯本斯的助手，筆下的動物與自然景觀不只栩栩如生，更充滿著蓬勃的生命力，才華經大師認證後晉升為長期合作者，與魯本斯共同創作過多幅經典名畫。早期的合作方式是先由魯本斯完成素描草圖，再由斯奈德在指定位置畫上動植物，但〈被縛的普羅米修斯〉的作畫流程顛倒，改由斯奈德先繪製草圖和老鷹，再由魯本斯接續完成剩下的畫面空間和人物——這種改變被視作魯本斯對斯奈德的高度肯定，也代表此畫男主角不是普羅米修斯，而是那隻大老鷹！

〈被縛的普羅米修斯〉是幅長寬均超過兩公尺的大型油畫，斯奈德執筆的老鷹，其雙翼伸展幾乎超過整面畫布，鋒利鷹爪刺進男人的眼窩，壓住因劇痛而扭曲的面容；畫面正中心聚焦在尖銳鳥喙叼出男人的新鮮肝臟（依老鷹啄食肝臟的精準位置，我合理推測牠行前先修過解剖課！），整幅畫面渲染了寫實的恐怖暴力。

除了主角大老鷹，男子被鐵鏈束縛的左手、底部的燃燒火炬這兩項圖像元素，加強提示這位爆肝男子的真實身分正是盜火者普羅米修斯。

〈被縛的普羅米修斯〉(*Prometheus Bound*)，魯本斯（Peter Paul Rubens，1577～1640 年）、斯奈德（Frans Snyders，1579～1657 年），繪於 1611～1612 年，藏於美國費城藝術博物館

若說斯奈德的老鷹是專吃肝臟的挑剔老饕，那義大利巴洛克畫家羅薩筆下的老鷹，就是不懂用餐禮儀的大胃王。（宙斯只叫你吃肝臟，快把嘴裡其他東西吐出來喔！）

〈普羅米修斯的折磨〉(*The Torture of Prometheus*)，薩爾瓦多．羅薩（Salvatore Rosa，1615～1673 年），繪於 1646～1648 年，藏於義大利羅馬科西尼宮國家古代藝術畫廊

除了火炬和鐵鏈，同為法蘭德斯巴洛克畫家的約爾丹斯還添加了「黏土人像」，提示普羅米修斯是人類創造神的身分。至於畫面右上角的男子，可從他手中的雙蛇杖識別是信使之神荷米斯。此畫的大老鷹亦由斯奈德繪製，可見他真的是當時極受歡迎的動物畫家呢！

〈被縛的普羅米修斯〉(*Prometheus Bound*)，約爾丹斯（Jacob Jordaens，1593～1678 年），約繪於 1640 年，藏於德國科隆瓦爾拉夫—里夏茨博物館

Chapter 2 眾神的惡搞禮物——潘朵拉的盒子

中國神話裡，女媧揮灑泥漿創造出無數的男女人類；亞伯拉罕諸教中，耶和華以塵土創造第一個男人亞當，再取其肋骨創造第一個女人夏娃；至於希臘神話，普羅米修斯創造了人類，但依據不同故事版本推測他可能並未創造女性，直到大名鼎鼎的「潘朵拉」(Pandora) 正式登場於人間。

潘朵拉是集眾神之力完成的第一位女人，她外表美麗可愛，內心卻好奇貪婪，被神王宙斯當作禮物送來人間，沒人告訴她要做什麼，但她僅憑一人之力就搞出一場世界級破壞……為什麼宙斯要送給人間這樣一位女子呢？

希臘神話的人類被創造出來的最初目的，說好聽點是為世界增添豐沛活力，說直白點是為眾神提供消遣娛樂（類似看馬戲團猴子雜耍的概念）。在泰坦神王克洛諾斯領導的黃金時代，初代人類備受眾神寵愛，他們青春永駐歡樂無限，不需勞動即享有大地供應的現成糧食。

到了改朝換代的新世界，人類福利卻不斷縮水。新任神王宙斯與普羅米修斯早先以

「骨與肉」的選擇，區分出「神與人」的差異，從此人類必須經歷生老病死，再也無法永保青春；除此之外，普羅米修斯賣弄小心機的欺騙手段，加上踩老闆底線的盜火行徑徹底激怒了宙斯，宙斯對普羅米修斯祭出爆肝酷刑後，接著把滿腔怒火燒向無辜遭殃的人類。（雖說普羅米修斯的作為是在保護人類，但不得不說這一連串失敗操作真是拖累大家啊！）

宙斯心生一計，立刻嘿嘿賊笑地召來奧林帕斯諸神，首先命令工藝精湛的匠神赫菲斯托斯，依照女神形象用黏土雕塑出一位美麗少女，再下令每位神祇送給她一件「特別的」禮物：智慧女神雅典娜為她穿戴花環金冠與刺繡華服、美神阿芙蘿黛蒂（Aphrodite）送她魅惑眾生的迷人風采，最後再由能言善道的信使之神荷米斯將謊言放進少女嘴裡，並賦予她貪婪和懶惰的性格。

宙斯賜名少女為「潘朵拉」，古希臘語意為「全部的禮物」，代表集奧林帕斯眾神之力共同創造出的精心禮物，寓意真摯友好，可惜送禮之人純屬惡搞，這件禮物表面完美無瑕，內在卻包藏禍心，如同包裹糖衣的毒藥，是宙斯用來懲罰人類的絕色凶器。

宙斯哈哈壞笑地看著潘朵拉，隨即差遣荷米斯將她帶到人間，送給普羅米修斯的泰坦神弟弟厄庇米修斯（Epimetheus）。當年天界大戰，厄庇米修斯聽從哥哥的建議倒戈到宙斯陣營，因而獲准在人間生活，免除被流放地獄的悲慘命運。

厄庇米修斯與普羅米修斯雖是親兄弟，但兩人的天賦才能截然不同，哥哥普羅米修斯 Prometheus 字首 "Pro-"，古希臘語意為「在前」，代表超前布署的先知先覺者；弟弟厄庇米修斯 Epimetheus 字首 "Epi-"，古希臘語意為「在後」，代表事後反省的後知後覺者。

普羅米修斯曾多次警告弟弟千萬別接受眾神的餽贈，但厄庇米修斯天性就是個耳根軟的敗家子，送上門的潘朵拉是如此甜美可愛，荷米斯還在一旁不停勸誘：「宙斯想跟普羅米修斯和好，特別送來這份禮物喔！」（潛臺詞：我剛剛才把你老哥押到高加索山餵老鷹喔～）厄庇米修斯不敢違背旨意，只能乖乖收下天賜大禮，並娶潘朵拉為妻子。

潘朵拉是人間第一個女人，也是人間第一位妻子，她的出現代表男人從此必須與女人結合，才能繁衍出下一代生命，並且必須更加賣力工作，才能滿足女人貪婪無底的慾望。如今人間充滿艱辛苦澀，離黃金時代的美好享樂相去甚遠，這正是宙斯懲罰普羅米修斯的最後一擊！

某日，厄庇米修斯外出工作，潘朵拉突然想起家中藏有一只大陶罐，無人知曉罐子從何而來，也不知罐子所裝何物，只知道厄庇米修斯曾多次警告她不准打開這只神祕陶罐。閒閒無事的潘朵拉一時好奇心大作，把家裡翻了個遍，終於在隱密角落找到了大陶罐，她止不住旺盛的好奇心，將丈夫的叮嚀遠拋腦後，一口氣打開了蓋子！

剎那間，一大團黑暗物質從罐中衝湧而出，那是瘟疫、疾病、災難、嫉妒、謊言、猜忌、貪婪、奸淫、自大……潘朵拉嚇壞了，急急忙忙蓋住罐口，可惜所有負能量迅速散布到世界各個角落，使原本無罪無惡的人間從此充滿災難。驚覺闖下大禍的潘朵拉呆坐在地，懷裡緊抱著罐子，所幸罐中還剩下唯一美好的正能量，那是來不及跑出來的「希望」，幫助人類在苦痛中仍懷抱對未來的期待！

潘朵拉的盒子

由於這則神話故事，現在多以「潘朵拉的盒子」（Pandora's box，原文的容器是陶罐，後被誤譯為小盒子），比喻罪惡的淵藪或無窮的禍害。

潘朵拉的誕生與神對人的懲罰緊密相連，歷來寓意大多指責潘朵拉的舉動來自她的愚蠢天性，藉此暗諷女人的好奇心不只害死一隻貓，甚至能摧毀整個世界。這令人聯想到基督教創世神話的第一個女人夏娃，同樣因好奇心而吃下禁果，連累亞當被趕出伊甸園。潘朵拉和夏娃在各自的神話體系均被認為是第一位女性人類，也都是因為她們的好奇心才使人間蒙受災難。這兩則上古神話很直接的傳遞一個意思：女人是災禍的根源。

不好意思啊～我只承認女人是美麗的來源，不承認什麼災禍的根源！上古神話通常反映原始部落的宗教信仰和社會價值觀，自有其產生的文化脈絡，只能說在古老的父權社會框架中，出現這種貶低女性地位的故事一點都不意外，似乎也不用以兩性平權的現代觀點，氣噗噗檢討上千年神話隱含的直男癌末期價值觀。

若說到這則神話有何需檢討之處，我倒覺得該為「潘朵拉的盒子」發起正名運動！神話並未明確指出神祕陶罐的來源，但從種種蛛絲馬跡，不難推測背後藏鏡人正是那位純粹惡搞的送禮之人：宙斯。宙斯對人類進行一連串惡搞行為，才是造成人間無窮禍患的真正元凶，強烈建議潘朵拉發起改名運動叫「宙斯的盒子」，還自己一個公道！

藝術主題——潘朵拉的盒子

希臘羅馬神話是十六至十七世紀歐洲藝壇常見的繪畫主題，但「潘朵拉的盒子」似乎是個不討喜的故事，直到十九世紀中葉後才突然變得熱門。這則神話故事轉化成藝術形式，最明確的辨識圖像即是「手捧盒子的潘朵拉」，欣賞藝術品時，掌握以下關鍵線索，即能辨識出這位人間第一女子！

✦ 2個關鍵線索

(1) 主要人物：潘朵拉，手捧容器的女子

(2) 識別物件：一只容器，最常見的是盒子，亦可能是壺甕或陶罐

十九世紀英國畫家、詩人兼翻譯家羅塞蒂，對「潘朵拉」情有獨鍾，曾在不同時期畫過這位美豔人妻，畫作構圖相似，均描繪潘朵拉左手捧著寶盒、右手蓋住盒蓋，一股濃厚煙霧從盒子縫隙洩漏出來。近看環繞潘朵拉的煙霧，竟由一顆顆長著翅膀的頭顱疊加而成，畫家將黑暗能量具現化，使得畫作透露出詭譎不祥的氛圍。

羅塞蒂筆下的潘朵拉是以好友威廉．莫里斯（William Morris，一八三四～一八九六年，英國美術工藝運動領導人之一）的妻子珍．莫里斯（Jane Morris，一八三九～一九一四年）為模特兒。珍那雙深邃的雙眼、略帶憂鬱的長臉，以及黑色的蓬亂捲髮，就當時審美觀而言格外具有魅力，是丈夫莫里斯和羅塞蒂共同的模特兒兼繆思女神，三人共譜英國藝術史上曖昧的三角戀情。

⇧ 寶盒上的拉丁文寫著 "Nascitur Ignescitur"，意思是「從火焰中誕生」。〈潘朵拉〉(*Pandora*)，羅塞蒂（Dante Gabriel Rossetti，1828～1882 年），繪於 1871 年，私人收藏

⇧ 此版的拉丁文銘文改成 "Ultima Manet Spes"，意思是「最後仍有希望」。〈潘朵拉〉(*Pandora*)，羅塞蒂，繪於 1878 年，藏於英國利物浦利弗夫人美術館

㊤〈潘朵拉〉(*Pandora*)，皮埃爾．盧松（Pierre Loison，1816～1886 年），作於 1861 年，藏於法國羅浮宮

㊨〈潘朵拉〉(*Pandora*)，列斐伏爾（Jules Lefebvre，1834～1912 年），繪於 1872 年，藏於阿根廷國立貝拉斯藝術博物館

潘朵拉的「盒子」其實是個大誤會！古老的希臘神話中，潘朵拉開啟的是古希臘生活常見的陶罐，但十六世紀學者翻譯這則故事時，誤將「陶罐」翻譯為「小盒」，自此潘朵拉手捧盒子的形象深植人心。

Chapter

3 毀滅人類的末日大洪水

——杜卡利翁與皮拉

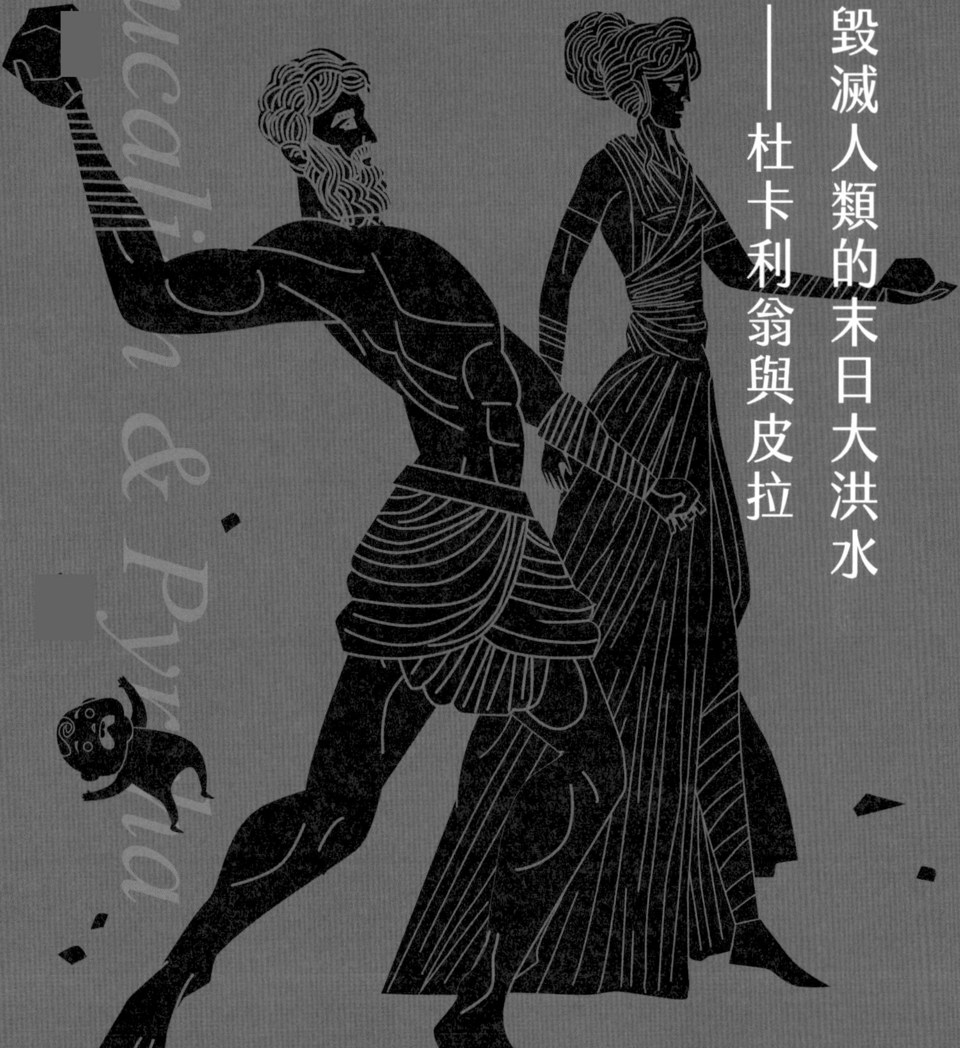

說來奇妙，世界多個民族的創世神話都曾發生過大洪水災難——連日降下的暴雨淹沒陸地，導致大多數人類滅絕，唯有神認證的好人能乘船躲過一劫；大洪水退去，倖存者擔負繁衍生息的使命，重新開枝散葉壯大人類族群。

「大洪水神話」最廣為人知的倖存者當屬《舊約聖經》挪亞（Noah）一家人，但鮮為人知的是希臘神話也曾發生過大洪水，就這麼剛好也有一家人僥倖存活，他們是杜卡利翁（Deucalion）與皮拉（Pyrrha），這對夫妻造就了後代人類的起源。

古羅馬詩人奧維德（Ovid，西元前四十三～十七／十八年）的著作《變形記》(*Metamorphoses*)，將人類文明劃分為四個時代：黃金時代、白銀時代、青銅時代、黑鐵時代。

盜火者普羅米修斯創造的初代人類，正值泰坦神王克洛諾斯領導的黃金時代，好傻好天真的人類備受眾神眷顧，如嬰孩般過著幸福快樂每一天。神王政權轉移後，新任神王宙斯下令普羅米修斯重新界定諸神與人類的分際，從而開啟白銀時代。白銀時代的人類仍然善良純真，但宙斯把麥籽藏進大地，人們必須勞動耕作才能獲得糧食，也得建造房屋來保護自己。

時至青銅時代，人類學會使用青銅打造武器，人心開始變得暴動躁亂。這股好戰風氣越演越烈，到了黑鐵時代的人類更加殘忍暴力且貪婪無信，此種轉變大概也與潘朵拉的出現，以及她打開的神祕陶甕有關，人們首次遭遇全面來襲的黑暗勢力卻束手無策，只能任由負面情緒牽著走。眾神別說為人類提供基本生活指導（最親民的普羅米修斯還被綁在高加索山餵老鷹），他們壓根不管人類死活，以致人們越長越歪，人間整個失控大暴走。

宙斯察覺人間惡行頻繁，這才開始擔心人們日益墮落，雖說他上任後就在惡搞人類，但作為主持正義秩序的世界統治者，絕不會放任人間脫軌失序。（出事才出來管事就算失職啦！）宙斯偽裝成凡人微服出巡，親自走訪希臘全境見證這代人類的所作所為，但他越看越揪心，越走越灰心，最後來到了阿卡迪亞王國（Arcadia）。

宙斯走進阿卡迪亞國王呂卡翁（Lycaon）的宴會廳，向臣民表明自己的神王身分，眾人紛紛下跪表示敬意，就只有呂卡翁國王對他嗤之以鼻，並打算私下測試宙斯是否真為神祇。合理懷疑是好事，但呂卡翁的測試方式實在令人反胃，他不僅企圖趁宙斯熟睡時謀殺他，還誘使宙斯吃下人肉——呂卡翁處死一名外族人質（其他故事版本說是呂卡翁的親兒子），殘忍地將其屍體烹煮成宴客菜餚招待宙斯，只為試探宙斯是否為無所不知的真神。

宙斯一臉嫌惡地瞪著桌上菜餚，他當然知道餐盤裝的是什麼！呂卡翁既不好客又違背倫理的野蠻行徑惹怒宙斯，大發雷霆的宙斯當場用一道閃電劈毀呂卡翁的宮殿，並將驚聲怪叫的呂卡翁變成一隻嗷嗷嚎叫的野狼。

呂卡翁的墮落罪行令宙斯火大至極，順便燒光他對人類最後一絲憐憫之情，他回到奧林帕斯山後召開緊急會議，向眾神宣告他的最終決定：徹底滅絕人類！眾神驚訝騷動不已，但神王心意已決，只好選擇旁觀者不救。

宙斯原本想用他拿手的閃電和雷霆炸毀人間，但擔心熊熊雷火會不小心燒到奧林帕斯山神殿，只好改以大洪水淹死全人類。作為天空神的宙斯降下超大豪雨，同步指示海王波賽頓 (Poseidon) 讓五湖四海氾濫成災，連日不間斷的雨水打壞了農田莊稼、淹沒了村莊城鎮、沖走了大多數人類和牲畜。不消幾日，遍地哀嚎轉而寂靜無聲，只剩滂沱的雨聲，嘩啦啦滴落到無岸的汪洋。

這場毀天滅地的暴雨幾乎滅絕所有人類，除了漂浮海上的一艘小船，船中二人瑟瑟發抖的低語禱告，他們是杜卡利翁與皮拉這對堂兄妹夫妻——杜卡利翁是普羅米修斯的兒子，皮拉是厄庇米修斯和潘朵拉的女兒，兩人是亂世僅存的虔誠善人。自身難保的普羅米修斯雖然救不了全人類，但至少救得了自己的兒子和兒媳，他在宙斯降下大雨前，提前通知他們建造一艘有蓋小船，因而讓他倆倖免於難。（不愧是充滿遠見智慧的普羅米修斯，懂得提前規劃緊急避難措施，但話說被綁在高加索山的他到底是怎麼通知的⁉︎）

杜卡利翁與皮拉躲進小船，在洶湧海浪中顛簸九天九夜（希望他們有準備暈船藥），待到第十天終於破浪而出，停靠在帕那索斯山 (Mount Parnassus) 頂峰。夫婦倆昏沉沉從小船走出來，立刻向森林之神和山林寧芙（Nymph，希臘神話的次要女神，亦譯作精靈或仙女）虔誠跪拜以示敬意。在天空瞭望的宙斯，看到這對敬畏神靈的夫婦是世上最後兩個人類時，知道懲罰該結束了，於是心滿意足地讓大洪水漸漸退去。（不知道宙斯有沒有注意到，夫婦倆的血統更偏向他敵視的泰坦神族……。）

杜卡利翁與皮拉呆望眼前荒涼風景，意識到他們是世上唯二的活人，一種被孤寂籠罩的巨大恐懼，使他們走向掌管正義與秩序的忒彌斯 (Themis) 女神廟，懇求女神幫助他們拯救這個死氣沉沉的人間。忒彌斯憐憫他們的處境，賜予他們一道神諭：「離開寺廟，蒙住容貌，鬆開長袍，母親的骨頭隨手往後拋。」

聽完神諭，夫婦倆震驚地啞口無言，皮拉哭泣說她不忍心將母親潘朵拉的骨頭向後扔，杜卡利翁抱著妻子，只好繼續琢磨這道難解神諭。最後，杜卡利翁推敲出一種解法：所謂的「母親」應該是指大地母神蓋亞(Gaia)，「母親的骨頭」可能是指地上石頭。皮拉不確定丈夫的說法，但他倆一致認同此舉無傷大雅，因此當他們敬畏地離開神廟後，便嘗試鬆開長袍蒙住頭臉，一邊向前走，一邊低頭撿取石頭向身後扔。

不可思議的事情發生了！夫婦倆向後扔的堅硬石頭一落地，竟軟化變形成人類的形貌，杜卡利翁扔出的石頭全變成了男人，皮拉扔出的石頭則全變成了女人！這正是希臘神話關於人類的二次起源，人類不再是普羅米修斯與雅典娜的聯名款雕塑，亦不是宙斯與眾神的惡搞禮物，而是大地生成的自然生命體。新一代的人類從地上站起身來，與此同時，潮濕大地被綻放的陽光曬得暖和起來，大地之母再次孕育自然萬物，人間重新恢復蓬勃生機。

藝術主題——杜卡利翁與皮拉

劫後餘生的杜卡利翁與皮拉成為新人類的共祖，藝術家以這則創世神話為創作主題時，多描繪夫婦倆向身後拋出石頭變身成人類的驚奇一瞬間。欣賞藝術品時，掌握以下關鍵線索，即能辨識出這對祖爺爺和祖奶奶！

✦ 3個關鍵線索

(1) 主要人物1：杜卡利翁與皮拉，努力向身後丟石頭的一對男女

(2) 主要人物2：人類，杜卡利翁與皮拉背後一群裸體男女或嬰兒

(3) 畫面場景：天空略帶烏雲的荒山野嶺，中景或遠景有座神廟

十七世紀義大利熱那亞巴洛克藝術家卡斯蒂廖內，是歷史上首位運用單版印刷的版畫家，也是最早製作明暗對比蝕刻的藝術家之一，對於版畫工藝的技術發展有著創新貢獻。卡斯蒂廖內的創作主題涵蓋希臘羅馬神話、《舊約聖經》，以及古代歷史和文學作品，留存的畫作大多被歸類為歷史畫，但畫中的動靜物細節卻比人物更加細膩生動，反倒成為欣賞畫作的樂趣所在。

〈杜卡利翁與皮拉〉無描繪太多動物，但畫中細節依然值得細細玩味。畫面上半部景物的廟柱代表故事發生的位置「忒彌斯女神廟」、遠景逐漸散去的烏雲表示故事發生的時間「大洪水退去」，杜卡利翁與皮拉扭轉身體，作勢向後扔出手中的石頭，變化成畫面下半部的驚人場景。

畫面下半部充斥由石頭幻化而成的人們，混亂密集到令人窒息，甚至擁擠到難以將他們的頭部與四肢配對連連看。畫家不單描繪男男女女的人類肖像，更進一步藉由他們手中的物品象徵他們的身分類型：星盤代表天文科學家、匕首代表士兵、文件代表知識分子或文學家、互相親吻的是一對戀人、提壺灌酒的則是醉漢……畫家特別挑選這些身分來涵蓋人類文明的重要特性：有理性、有感性；有時野蠻、有時文明，有時只想喝個爛醉。（抱歉！最後這句是我自己的心得）

鮮豔色彩和動蕩構圖，使得整幅畫作除了堅固的神廟柱，似乎一切都在不停運動，但若仔細看這亂糟糟的人群中，有一人神色平靜，伸手拿起畫筆在醉漢的酒瓶底下畫畫。該人物形象類似卡斯蒂廖內的自畫像，當時畫家將自己畫入作品的行為頗常見，因此他本人也置入了這個古老的神話場景，除此之外，他或許想提醒一件事，人類文明絕不能缺少藝術，少了美的全新人間可就不美了！

〈杜卡利翁與皮拉〉(*Deucalion and Pyrrha*)，卡斯蒂廖內（Giovanni Benedetto Castiglione，1609～1664 年），繪於 1655 年，藏於美國丹佛美術館

➔〈杜卡利翁與皮拉〉(*Deucalion and Pyrrha*)，魯本斯（Peter Paul Rubens，1577～1640 年），繪於 1636 年，藏於西班牙普拉多博物館

🡐〈杜卡利翁與皮拉〉(*Deucalion and Pyrrha*)，博塔拉（Giovanni Maria Bottala，1613～1644 年），約繪於 1635 年，藏於巴西國家藝術博物館

杜卡利翁與皮拉向後拋出的石頭落地後變形成人類，這些土生土長的新人種，象徵與大地的深厚連結，也象徵著人類的堅毅性格。（不然怎麼面對潘朵拉盒子釋放出來的宇宙負能量！）

Chapter

4

扛起天空的宇宙級社畜
——擎天神阿特拉斯

現代人壓力大，長時間工作容易造成肩頸僵硬和情緒緊繃，我們可以找按摩師傅馬一節，或趁假日耍廢來放鬆心情。然而，有位神祇可沒這麼幸運，他的工作二十四小時全年無休，工作量大到無法交接，壓力重到難以承受，一般物理治療對他全身痠痛的肌肉根本無效，總而言之就是各種筋疲力盡。如果你覺得人生勞苦，那就一定要來認識這位肩頸頂叩叩的宇宙級社畜——阿特拉斯（Atlas）。

泰坦神阿特拉斯是盜火者普羅米修斯的兄弟，在奧林帕斯神族與泰坦神族的天界大戰中，他沒有跟隨普羅米修斯跳槽到奧林帕斯陣營，而是選擇留在泰坦陣營抗戰到底。阿特拉斯勇猛強壯，讓宙斯吃了不少苦頭，大戰結束後，愛記仇的新任神王宙斯對他祭出最「重」的人事懲罰——永生永世扛起天球，防止天空和大地再次結合。（希臘神話的原始世界是天空神烏拉諾斯〔Uranus〕緊密貼合大地母神蓋亞，直到天空神被親兒子閹割後逃到世界上方，天地間才有可活動的空間，詳情請見《乖，你聽畫：希臘羅馬眾神篇》〈閹父吞子的恐怖大王〉。）

如今天界老闆換人當，受罰的阿特拉斯無法逃脫他的命運，只能被外派到太陽西下的世界極西處，以沉重無比的心情扛起沉重無比的天球。阿特拉斯手心向上、彎腰屈膝，以卑微的投降之姿扛起天空之重，承受無法負擔的負擔，遭受無盡苦痛的苦痛。在荒涼寂靜的世界盡頭，沉默的阿特拉斯獨自扛著巨大天球，那重量壓得他難以喘息，他選擇無視時間的流動，也忽略自我的存在，或許什麼事都不要想會比較輕鬆。

不知過了多久，終於有人來找阿特拉斯了。來找阿特拉斯的是大力神海克力士，他為了贖罪，奉命前往極西方的金蘋果聖園，摘取天后赫拉的金蘋果。金蘋果樹來頭不小，那是宙斯與赫拉成婚時，大地母神蓋亞送給赫拉的珍貴賀禮。赫拉非常寶貝這棵金蘋果樹，將樹種在世界極西處，由仙女姊妹赫斯珮莉得絲 (Hesperides) 負責管理果園，果樹上終年盤踞一隻名叫拉頓 (Ladon) 的百頭巨龍，攻擊任何想偷取金蘋果的神祇或人類。

海克力士不清楚金蘋果聖園的確切位置，只知道位於極西方，而管理聖園的仙女正好是阿特拉斯的女兒們，因此他特地來向阿特拉斯求助，希望由阿特拉斯出面幫忙摘取金蘋果。海克力士承諾在阿特拉斯離開職務的期間，由他充當職務代理人，暫代背負天球的重責大任。

聽到這項互惠合作，阿特拉斯的渙散眼神突然發出亮光，經過漫長歲月，他終於能稍微喘口氣了！阿特拉斯馬上答應海克力士的請求，小心翼翼地將天球滾動到對方的肩頸上，除了阿特拉斯，大概也只有海克力士扛得住這顆沉重無比的天球了。

如釋重負的阿特拉斯像隻放飛小鳥般輕鬆快樂，很有信用的去了趟金蘋果聖園；聖園由自家女兒看管果然不一樣，他馬上就拿到了珍貴的金蘋果（一個內神通外鬼的概念），然後很有信用的回去找海克力士報告工作進度。但是，阿特拉斯壓根不想接回天球，便假意告訴海克力士願意替他完成金蘋果的交差任務。

被天球壓得喘不過氣的海克力士，深怕阿特拉斯一去不回頭，於是也假意同意，但請阿特拉斯先把天球接回去，讓他在肩上放塊墊布以舒緩肩頸不適。不疑有詐的阿特拉斯同意他的請求，小心翼翼地將天球滾回自己肩上，無事一身輕的海克力士撿起金蘋果快速閃人，留下繼續肩負擎天重任的阿特拉斯。（真不知道該說阿特拉斯太善良還是太白癡？）

普羅米修斯雖然也被宙斯狠狠修理過，但最後受到海克力士搭救而解脫；阿特拉斯就沒那麼幸運了，自從海克力士離開後就再也沒有卸下重擔，他被禁錮在極西方，一動也不動的支撐天空重量，永世不得離開崗位。（宙斯可能早就忘了邊疆還有一位宇宙級社畜在賣命工作。）

其他版本的神話裡，斬妖專家柏修斯斬首蛇髮女妖梅杜莎後，曾提著梅杜莎的頭顱晃到極西處，與鎮守西方的阿特拉斯一言不合起衝突。柏修斯一氣之下，居然拿起梅杜莎頭顱往阿特拉斯臉上一照，阿特拉斯看見梅杜莎的雙眼後，立刻化為頂天立地的巨石——據說北非的阿特拉斯山脈正是由這位擎天神變形而成呢！

阿特拉斯的延伸典故

阿特拉斯扛起天球的形象令人印象深刻，西方文化以其名比喻「身負重擔的人」。除此之外，還有其他以阿特拉斯之名延伸的有趣典故：

(1)支撐頭骨的寰椎

脊椎動物的第一節頸椎「寰椎」，具有支撐整顆頭骨重量的功能，解剖學術語名為"Atlas"。只能說命名者的聯想力實在豐富，將生物最重要的頭顱比喻為世界最高位的天球，原來我們每個人的脖頸都藏有一個小阿特拉斯！

(2)支撐建築的男像柱

古典風格建築流行以男性雕像作為建築支撐物，取代立柱、橋墩與壁柱的功能，此種支撐建築的男像柱也被稱作「阿特拉斯柱壁」。

(3)地理學的地圖集

阿特拉斯一肩扛起的「天球」被不少人誤以為是「地球」，歐洲出版商早期製作收錄多幅地圖的「地圖集」，會繪製阿特拉斯扛著地球的畫像作為封面裝飾，久而久之便約定俗成稱地圖集為"Atlas"。

↑《男像柱》(*Atlas*)，瓊·格勞(Joan Grau，1668～1671 年），西班牙加泰羅尼亞國家藝術博物館

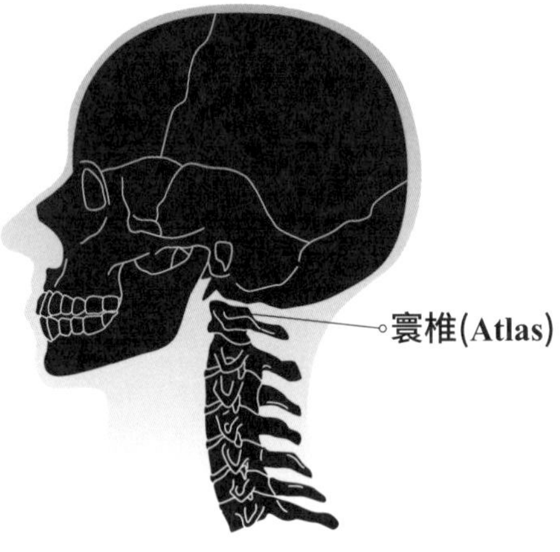

↑寰椎

擎天神阿特拉斯或許不比其他希臘諸神聲名遠播，卻在西方文化占有一席之地，他所代表的是一個人一輩子必須背負生命的不可承受之重，有人背負的是親情、有人是愛情、有人是志業。然而，當我們肩挑重擔的同時，也應反思這些「重擔」究竟是否為我們應擔，或只是我們雞婆攬在自己身上？另外別忘了，當重擔帶來的壓力遠超過你的負荷能力，其實你是能暫時放下的，硬頸的阿特拉斯或許沒有選擇權，但我們絕對有！

藝術主題——擎天神阿特拉斯

扛著天球的宇宙級社畜阿特拉斯具有高辨識度，欣賞藝術品時，掌握以下關鍵線索，即能辨識出這位「擎天神」！

✦ 2個關鍵線索

(1) 主要人物：阿特拉斯，肩頸扛著巨大球體的男人

(2) 識別物件：天球，巨大球體上偶爾會出現星座圖案

活躍於十九世紀末至二十世紀初的美國肖像畫大師薩金特，以兼具美名與臭名的肖像畫〈X夫人肖像〉(*Portrait of Madame X*)為生涯代表作之一。薩金特雖以肖像畫聞名於歐美藝壇，藉此累積豐碩的名氣與財富，但後期受到新興藝術流派和技巧的影響，反而希望從肖像畫的嚴格創作規範中解放。薩金特晚年對肖像畫產生矛盾情感，轉而將創作主題關注在自身生活、風景人文，乃至於宗教和社會。

〈阿特拉斯與赫斯珮莉得絲〉是薩金特晚年受美國波士頓美術館委託的作品。畫面背景是金光燦爛的夕陽，點出「世界極西處」的地理位置；中央的阿特拉斯單膝下跪，一手扶著天球、一手撐住大腿，蜷縮緊繃的身體扛起巨大天球，天球上清晰可見黃道十二宮星座。阿特拉斯沉默閉目，在他腳邊睡成一片的女子是他的女兒們「赫斯珮莉得絲」，根據不同故事版本，仙女姊妹赫斯珮莉得絲有三位、四位或七位不等，仙女手上的金蘋果提醒觀畫者她們的身分。

畫作位於波士頓美術館的天花板，若有機會參觀波士頓美術館，從亨廷頓大道(Huntington Avenue)入口處踏上美術館的宏偉階梯時，請記得抬頭，你將看到夕陽西下的金光燦爛，也會看到一位努力支撐天球的父親，他就像一位超級英雄，正在守護呼呼大睡的懶散女兒們。

〈阿特拉斯與赫斯珮莉得絲〉(*Atlas and the Hesperides*)，薩金特（John Singer Sargent，1856～1925 年），繪於 1922～1925 年，藏於美國波士頓美術館

➔ 此為現存最古老的阿特拉斯雕像，規範阿特拉斯背負天球的藝術形象。

〈阿特拉斯〉(Atlas)，二世紀，藏於義大利拿坡里國立考古博物館

← 無論是一副閃到腰的海克力士，或是頹喪窩角落的阿特拉斯，都讓人有種把天球交給他們，天空隨時會塌下來的危機感。

〈海克力士與阿特拉斯〉(*Hercules and Atlas*)，老盧卡斯．克拉納赫（Lucas Cranach the Elder，1472～1553年），繪於1537年，藏於德國安東．烏爾里希公爵美術館

Chapter

5 周而復始的荒謬人生——薛西弗斯

諾貝爾文學獎得主卡繆（Albert Camus，一九一三～一九六〇年）的著作《薛西弗斯的神話》，書名引用希臘神話人物薛西弗斯 (Sisyphus) 的故事，開創以「荒謬」解讀人生意義的突破思考，成為後世創作文學和影視的靈感素材。簡單來說，薛西弗斯就是一位硬和死神對幹，結果被送去推巨石的荒謬男子。

翻開薛西弗斯的族譜，可說是繼承新人類共祖的直系血脈——曾祖父杜卡利翁是盜火者普羅米修斯的兒子、曾祖母皮拉是厄庇米修斯和人間第一位女人潘朵拉的女兒；祖父赫楞 (Hellen) 傳說是希臘諸民族的始祖、父親埃俄羅斯 (Aeolus) 建立希臘的埃俄利亞族，而薛西弗斯自己則成為科林斯城 (Corinth) 的創建者。薛西弗斯可能繼承了祖爺爺普羅米修斯的天才基因和叛逆性格，同樣以機智狡猾和挑戰眾神權威聞名，因此留下許多令人津津樂道的傳說故事。

某個平凡日子，科林斯國王薛西弗斯偶然抬頭，意外瞥見一幕不平凡的奇觀——湛藍的天空出現一隻叼著少女的巨鷹，筆直地朝附近小島飛去。薛西弗斯正驚訝於大自然的神奇時，河神阿索波斯(Asopus)出現在他面前，氣急敗壞地詢問巨鷹與少女的下落。

原來那位少女是河神的寶貝女兒埃癸娜(Aegina)，河神強烈懷疑是神王宙斯變身成巨鷹來誘拐女兒，因此一路追趕到科林斯城。（河神的懷疑相當合理！老鷹不僅是宙斯的神鳥，宙斯本人亦曾變身巨鷹，把特洛伊城小王子拐到天庭當小情夫，詳情請見《乖，你聽畫：希臘羅馬眾神篇》〈宙斯濫情史之為愛大變身——被劫持的蓋尼米德〉。）

可惜薛西弗斯不是什麼親切好人，狡猾的他居然趁火打劫，要求河神賜給科林斯城一條永不乾涸的河流，才願意告知老鷹飛往的方向。河神擔心女兒的安危，逼不得已只好答應他的無理要求。在薛西弗斯的指引下，立志成為地表最強老爸的河神衝向小島，準備上演搶救女兒的即刻救援，沒想到誘拐慣犯宙斯惱羞成怒，不僅不歸還人家女兒，還用雷電把河神轟回他的水域，順便一併懲罰洩密者薛西弗斯，反應過激的宙斯下令把薛西弗斯關進地獄塔耳塔羅斯(Tartarus)。

死神桑納托斯(Thanatos)奉命拘捕薛西弗斯，但不怕死的薛西弗斯不肯乖乖就範，假意請死神示範鎖鏈的上銬方式，死神也不知哪根筋不對，竟像空服員示範救生衣般親自把鎖鏈銬在自己身上。薛西弗斯見詭計得逞，立刻衝上去將死神牢牢綁緊，本該是銬住亡靈的鎖鏈卻銬住死神本尊，將死神囚禁在人間。

死神遭到綁架的後果是什麼呢？就是人類再也不會死亡！這狀況使兩位神祇首當其衝不開心：一是冥王黑帝斯（Hades），他怒控陰陽生死平衡被破壞（冥王：我冥界鬼力資源吃緊！）；二是戰神阿瑞斯（Ares），他抱怨敵人不死的戰場沒意義（戰神：我快被無聊殺死了！）。

宙斯收到雙雙陳情，隨即指派戰神去找薛西弗斯，強制命令他釋放死神，讓死神執行原本的勾魂任務。不知死活的薛西弗斯依然不肯乖乖就範，斷氣前偷偷囑咐妻子不要為他舉行火葬禮，而是直接將他的屍首丟到公共廣場曝晒。

沒有正規的喪禮祭儀，薛西弗斯的亡靈無法順利進入冥府，冥王苦等不到薛西弗斯的亡靈，最後在冥河阿刻戎河（Acheron）河畔找到了他！薛西弗斯一見到冥王，立刻悲憤的向冥王大吐苦水，抱怨妻子居然沒為他舉行喪禮，害他只能在冥河當孤魂野鬼這樣又那樣。

薛西弗斯哀求冥王寬限一天，讓他重返人間教導無禮的妻子祭拜事宜，而冥王竟被他說動，同意讓他續命回到人間完成葬禮儀式。（該說是薛西弗斯的說服技巧高超，還是冥界眾神好傻好天真？）

一切正如薛西弗斯所算計，陰間越獄計畫大成功！薛西弗斯重返人間後，卻不斷拖延與冥王的約定期限，躲在人間爽爽快活過。只能說戲弄冥王一時爽，惹怒冥王火葬場，發覺真相的冥王不甘被愚弄，再度派出死神銬住薛西弗斯的靈魂，學到教訓的死神不再受到誘騙，成功將他的亡靈押回冥府。

薛西弗斯大膽觸怒天地兩位大神的囂張行徑，就他一介凡人也算是某方面的成就不凡！然而，玩太大的結果是踩雷自爆，招致他最終在冥府被施以終極酷刑：推石上山。薛西弗斯必須將一塊巨石推上陡峭的山頂，但當他耗盡全力快要攻頂時，巨石就會自動滾回山下，他只得再次走下山，重新將巨石推上山頂。這種懲罰不為成就特定目標，只是單純為懲罰而懲罰，冥王藉由一成不變的勞役，教訓隨機應變的薛西弗斯，讓他在永無止境的輪迴中，感受毫無意義的努力和失敗。

薛西弗斯的神話

薛西弗斯在幽暗冥府一次又一次推石上山，那徒勞無功的感受是如此真切，令人產生某種既視感，彷彿多數人大半生都在重複的例行公事：起床、進食、工作、睡覺，再度起床、進食、工作、睡覺……最終無可避免地通向死亡。在西方語境中，"Sisyphean"意為「薛西弗斯式的」，正是形容「永無盡頭而又徒勞無功的任務」，成為現代生活困境的寫照。

諾貝爾文學獎得主卡繆受到薛西弗斯的啟發，在其哲學著作《薛西弗斯的神話》，首度提出「荒謬」的概念——人類個體為現實生活反覆付出努力，但生命最終會邁向死亡；更可悲的是，上一代人類死亡，下一代人類又會接續經歷相同迴圈。這種周而復始的人生，好比薛西弗斯輪迴不止的勞役，即便努力終究徒勞的荒謬窘境，令人不禁厭世思索：我的存在究竟有沒有意義？

人生如此無望，因此卡繆在書中開頭就從「自殺」這個禁忌話題談起，既然生命如此荒謬，是否建議大家乾脆自我了斷，或者不要出生比較好？當然不是！（是的話就變成禁書了）卡繆認為克服荒謬的作為不是自殺、不是躲在虛無主義之下唉聲嘆氣，也不是一股腦尋求宗教的慰藉，而是有意識地面對荒謬的人生處境，才能進一步反抗。

神話故事並未描述薛西弗斯推石上山的內心獨白，但卡繆深信薛西弗斯清楚面對自己的荒謬困境：「我看見這個人踏著沉重但規律的步履下山，走向不知何處是盡頭的折磨。這喘口氣的一刻，知道苦難會重新開始的這一刻，就是意識覺醒的一刻。從山頂走

下，一步步走向眾神的巢穴時，這當中的每一個時刻，他都超越了命運。他比他的巨石還要堅硬。」❶

薛西弗斯的清醒意識是他荒謬人生的救贖，即便無能反抗所處困境，但我們不難想像他大概會在下山過程中，一邊自嘲自己的愚蠢工作，一邊思索如何偷懶走慢一點，順道欣賞沿途的冥府景色，小小反擊一下那不見盡頭的懲罰苦難。卡繆通過薛西弗斯的故事告訴我們，面對毫無道理的磨難，必須率先反抗內在心理的焦慮與絕望，才有機會反抗外在社會的壓迫與無理，從而在反抗過程中創造自己生命的意義。

藝術主題——薛西弗斯

薛西弗斯推石上山的勞工形象令人過目難忘，需特別注意的是，他和擎天神阿特拉斯在藝術品的擺拍姿勢雷同——兩人同是受罰者，不過阿特拉斯背負的是宇宙天球，薛西弗斯推動的是地獄巨石。欣賞藝術品時，掌握以下關鍵線索，即能辨識出這位「荒謬男子」。

---

❶ 引自卡繆著，嚴慧瑩譯，《薛西弗斯的神話》，臺北：大塊文化，頁185。

✦ 3個關鍵線索

(1) 主要人物：薛西弗斯，推動或扛抱巨大石塊的裸男

(2) 識別物件：巨大石塊

(3) 畫面場景：幽暗的陡峭山路

德國象徵主義藝術家斯塔克，多以古典神話和宗教故事為創作主題，但常用圖像和符號來象徵深層意義，如人性的激情、恐懼和慾望，尤其善於在描繪女性角色的作品中，融入色情元素和令人焦慮的氛圍，例如成名代表作《罪惡》（*Die Sünde*）便是將《舊約聖經》的夏娃化身為極具誘惑的蛇蠍美人。

斯塔克筆下的薛西弗斯不像女性角色賣弄性感，他的面目模糊，只能從深鎖的眉宇感受到沉重的無奈感，與之對比的是他推動石塊的肌肉線條，加上猶如抹油的光亮膚澤，完全展現他在地獄不停被迫健身的強壯肉體，讓人在同情薛西弗斯的處境之餘，忍不住分心讚嘆他的健美體態，這種感受大概就是藝術家評論斯塔克作品「同時融入色情和焦慮」的獨家表現吧！

除此之外，斯塔克喜歡在畫作中表現「有光澤的黑暗」，這種說法乍聽之下頗為抽象，但看到〈薛西弗斯〉就不難理解他的用色表現了！

〈薛西弗斯〉(*Sisyphus*)，弗朗茨．斯塔克（Franz Stuck，1863～1928 年），繪於 1920 年，藏於德國漢堡里塔勒畫廊

←薛西弗斯：荒謬工作沒意義，偷懶就是我工作的意義。

〈薛西弗斯〉(*Sisyphus*)，里貝拉的複製品（After Jusepe de Ribera，1591～1652 年），繪於十七世紀，藏於西班牙普拉多博物館

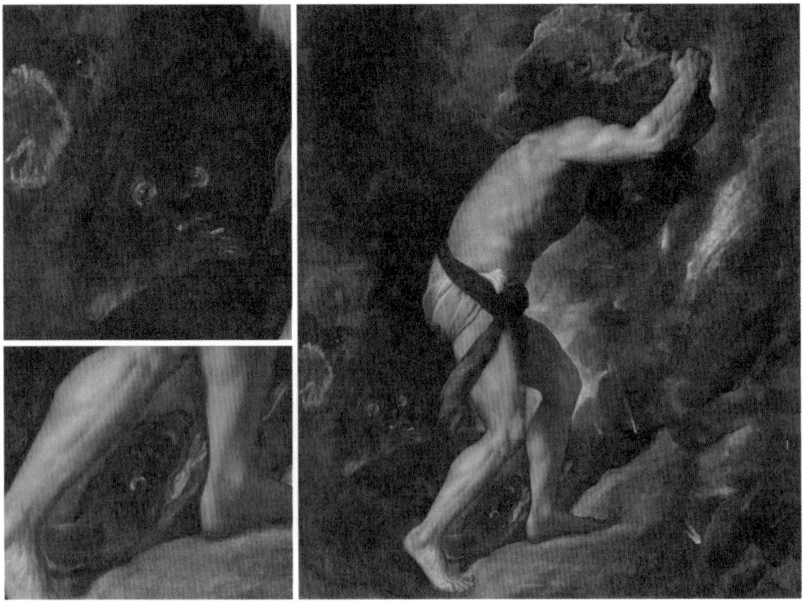

↑冥王黑帝斯的萌寵「地獄三頭犬」通常待在冥府大門看家，但偶爾散步到地獄塔耳塔羅斯，對薛西弗斯吠個兩聲也是挺合理的！

〈薛西弗斯〉(*Sisyphus*)，提香（Titian，1490～1576 年），繪於 1548～1549 年，藏於西班牙普拉多博物館

Chapter 6 向死神搶人的醫神之祖——阿斯克勒庇俄斯與醫神杖

Asclepius

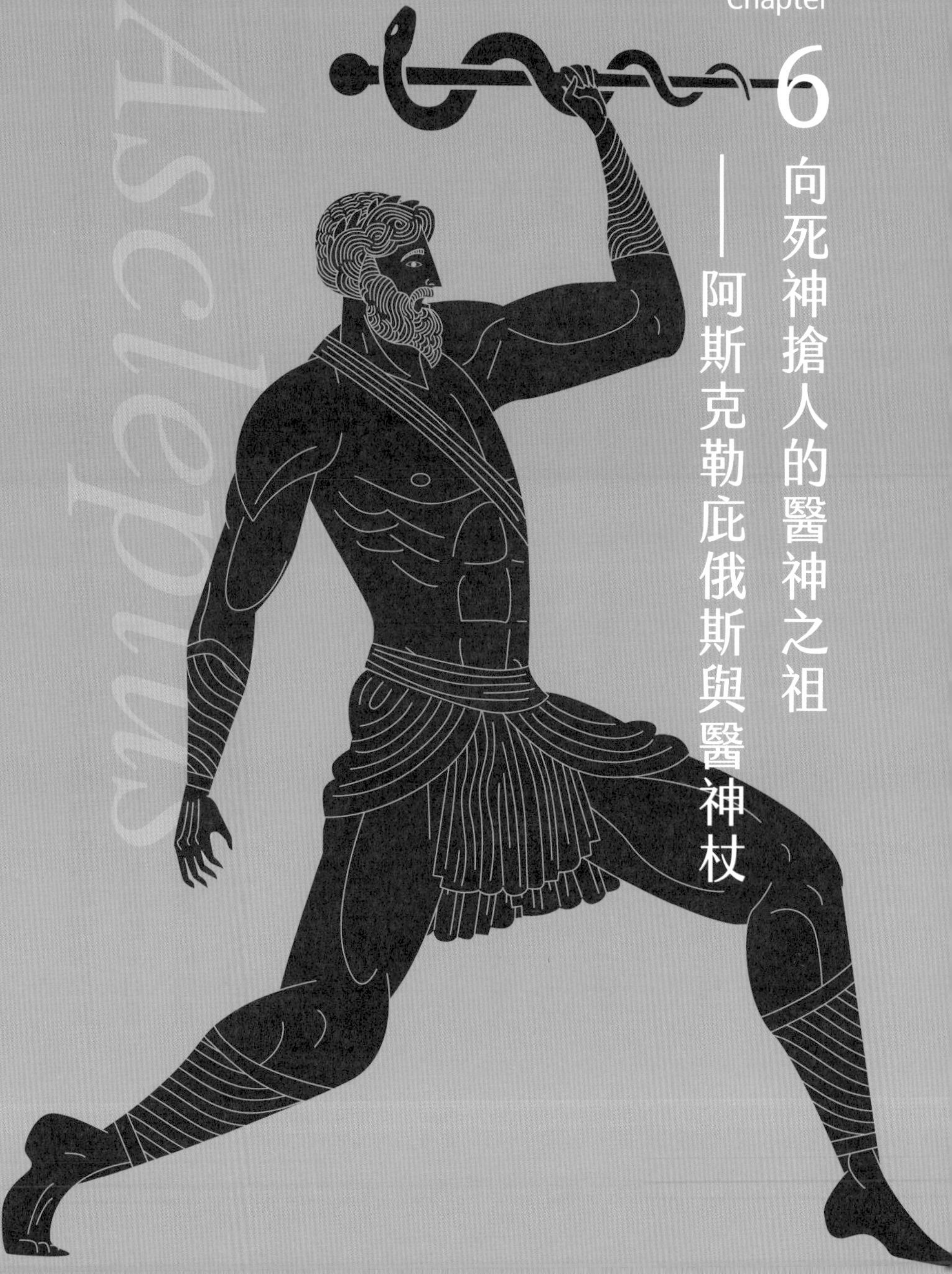

你是否注意過世界衛生組織（WHO）、衛生福利部，或各大醫療機構的圖像標誌呢？這些衛生與醫療體系的標誌設計通常是「一條蛇纏繞著一根長杖」，其典故來自希臘神話的醫神之祖阿斯克勒庇俄斯（Asclepius），他的高超醫術甚至能起死回生，但他和死神搶人的行為嚴重干擾了陰陽兩界平衡。對於一位受萬民景仰的仁醫，任性妄為的眾神會如何處理呢？

根據不同文獻記載，阿斯克勒庇俄斯的身世有些許差異，但一致認同他的父親是光明神阿波羅（Apollo），多數則認為母親是凡間公主柯洛妮斯（Coronis）。阿波羅對公主一往情深，公主雖懷了阿波羅的孩子，但她真心所愛卻是另一名凡人男子，經常背著阿波羅和心上人偷來暗去勾勾纏。

阿波羅發現自己被戴綠帽，情緒失控的他竟化身恐怖情人，一箭射死了懷孕的柯洛妮斯！然而，衝動報復後的阿波羅陷入更深的哀傷，他親手將公主抱上柴堆，親眼看著烈火逐漸吞噬愛人的遺體……神明不被允許落淚，強烈的後悔湧上心頭，阿波羅快步搶上火葬臺，緊急為公主進行剖腹手術取出不足月的男嬰，並將孩子命名為「阿斯克勒庇俄斯」。

阿波羅的主神職是光明神，但他還是有名的天界斜槓王，兼職藝文神、預言神、弓箭神（怪不得能一箭射死柯洛妮斯公主），居然還是醫神（怪不得會剖腹手術），他將醫療技術傳授給人類，同時也散播病痛和瘟疫。從火葬臺死裡逃生的阿斯克勒庇俄斯，繼承了父親阿波羅的醫療天賦，被託付給半人馬族的奇戎（Chiron）養育照顧。

半人馬（Centaur，又稱仙圖爾）是半人半馬的神話生物，被視作粗俗野蠻的種族，但唯有奇戎例外。奇戎自小被遺棄山林，所幸被阿波羅和狩獵女神阿提米絲（Artemis）發現，他們不僅照顧奇戎，還傳授他各種知識和技術，包括音樂、射箭、狩獵、醫學和預言等，因而成為半人馬族最具智慧的賢者。奇戎以知識技藝和善良仁慈聞名，天界與人間的權貴家族都想將兒子交由奇戎教養，使他成為多位希臘大英雄的導師，例如大力神海克力士、雅典英雄忒修斯、特洛伊戰爭英雄阿基里斯（Achilles）等都是奇戎的優秀學生。

英雄訓練營班主任奇戎接到養父阿波羅的親自委託，不遺餘力傳授他所知的一切醫學知識給阿斯克勒庇俄斯，在先天基因與後天教育的共同加持下，一位醫科全能兼醫術超凡的神醫即將出山，他將行走江湖，用心守護病痛纏身的弱小人類。

拉丁作家希吉努斯（Gaius Julius Hyginus，約西元前六十四～十七年）的著作《天文學》(*De Astronomica*)，記錄阿斯克勒庇俄斯首次救活死人的故事——希臘克里特島國王米諾斯 (Minos) 的幼子葛勞科斯 (Glaucus) 離奇溺斃，悲傷的米諾斯國王異想天開，下令阿斯克勒庇俄斯想辦法救活兒子，甚至將他關進監獄防止他落跑。雖說阿斯克勒庇俄斯醫術高明，但要他逆天改命來復活亡者實在強人所難，只好待在牢房中苦思對策（例如思考如何挖洞越獄）。沉思中，一條蛇爬到了他的手杖旁，受驚的他胡亂用手杖將蛇打死，沒想到過不久，另一條蛇爬到死蛇旁，將嘴裡啣著的藥草蓋在同伴身上，那條死蛇居然奇蹟復活！受到啟發的阿斯克勒庇俄斯現學現賣，還真的用神奇藥草救活了葛勞科斯！（《書庫》〔*Bibliotheca*〕也有描述同樣情節，但阿斯克勒庇俄斯被置換成預言家波呂伊杜斯〔Polyidus〕。）

阿斯克勒庇俄斯不僅醫治活人，如今連死人也能復活，起死回生的本領使本該命絕的人類順利逃過死亡，而阿斯克勒庇俄斯只管救人，沒注意到這種行為等於是公開向死神搶人、和冥界作對！陽間人口越來越多，陰間鬼口越來越少，掌管冥府的冥王黑帝斯一狀告上天庭，指控阿斯克勒庇俄斯破壞陰陽生死平衡，要求神王宙斯出面處理一下！

（冥王：之前薛西弗斯綁架我的死神部下，現在又多個搶業績的人類……。）

宙斯古早就和普羅米修斯喬好「神與人」的關鍵差異就是「生與死」，因此同樣忌憚凡人擁有起死回生的力量，會威脅到諸神超然不朽的地位，於是他當場同意使用雷霆和閃電，劈死自己的孫子阿斯克勒庇俄斯（爸爸阿波羅是宙斯的親兒子）。

宙斯雖對阿斯克勒庇俄斯處以雷電之刑，但將他的靈魂升上天空化作「蛇夫座」，蛇夫座手中握著一條蛇被稱為「巨蛇座」，正是用來紀念啟發阿斯克勒庇俄斯的那條蛇。宙斯將他封神，令萬民景仰的「神醫」成為真正的「醫神」！

醫神的歷史地位

儘管阿斯克勒庇俄斯「好心被雷親」死狀悽慘，但也不算壯志未酬，他的兒女們遺傳到優秀的醫療天賦，各司其職組成一支專業醫療團隊，包含預防疾病的健康和衛生女神許癸厄亞（Hygieia，「衛生」的英文單字"hygiene"取自其名）、萬用藥女神帕那刻亞（Panacea，「靈丹妙藥」的英文單字"panacea"取自其名）、治療女神阿刻索(Aceso)、康復女神伊阿索(Iaso)、健康光彩的女神阿格萊亞(Aglaea)等，根本醫生世家來著！從女神團隊負責的醫療項目，即可知道古希臘和羅馬人早就知道清潔及衛生對於預防疾病的重要性。

希臘神話還有其他職司醫療的神祇，但阿斯克勒庇俄斯的醫神地位無人能及，因此古希臘醫師們都喜歡和醫神家族攀親託熟，以顯示自己的家學淵源，相傳被譽為「西洋醫學之父」的希波克拉底（Hippocrates，約西元前四六〇年~前三七〇年），就號稱自己是醫神的第十五代子孫。

可以想見，流行疾病越是嚴重的年代，信奉醫神的信仰越是狂熱，古羅馬曾多次遭受瘟疫肆虐，人們對醫神家族的崇拜達到高峰，各地興建許多醫神廟供人朝拜禱告。醫神信仰盛行於古羅馬，在基督教主導的中世紀漸漸消失，直到文藝復興時期的學者們回頭探尋古希臘羅馬文明才再次復甦，十七世紀後的歐洲醫療機構建築，常可在外牆見到阿斯克勒庇俄斯帶領女兒們組成的醫療團隊，他們一家人化作裝飾雕像守護著人們的健康。

藝術主題——阿斯克勒庇俄斯與醫神杖

醫神阿斯克勒庇俄斯之於西方醫療體系的文化影響力至深，能從考古出土的雕塑、陶器、馬賽克和硬幣見其身影——醫神習慣留著濃密的鬍鬚，穿著簡單的長袍，最鮮明的特色就是手持「阿斯克勒庇俄斯手杖」，簡稱為「醫神杖」或「蛇杖」，造型為一條蛇纏繞著一根長杖。

神話故事中，阿斯克勒庇俄斯從蛇啣來的神奇藥草，獲得起死回生的醫療知識，蛇也因此被視作醫神的聖僕，古羅馬人甚至認為阿斯克勒庇俄斯會化身成巨蛇，現身瘟疫肆虐的地區來驅除疫癘。東方文化多將蛇視作邪祟，古希臘文化卻常將蛇視作神聖生物，並與醫療觀念緊密連結——蛇的蛻皮被視作脫胎換骨的重生象徵、蛇的毒液雖會致死亦可製藥，具有「生與死／藥與毒」的兼質特性。

蛇杖筆直的長杖象徵人體重要的脊椎和中樞神經，由象徵重生的長蛇纏繞攀爬向上，成為全球通用的現代醫療標誌。欣賞藝術品時，只要掌握「蛇杖」這個關鍵線索，即能快速辨識這位西方醫神之祖「阿斯克勒庇俄斯」！

✦ 2個人物特徵

(1) 人物形象：濃密頭髮與鬍鬚，身披簡單長袍並露出結實胸肌的穿搭風格

(2) 專屬神器：蛇杖，纏繞著一條蛇的長杖

⬆〈阿斯克勒庇俄斯〉(*Asclepius*)，丹麥哥本哈根新嘉士伯美術館

⬆〈阿斯克勒庇俄斯〉(*Asclepius*)，希臘埃皮達魯斯考古博物館

醫療標誌的蛇杖

「蛇杖」圖像的歷史悠久，現為全球通用的醫療符號，大多數醫療體系以其作為標誌的設計元素。緊急醫療系統的統一標誌「生命之星」，中間是象徵醫療的蛇杖，外圍六芒代表緊急救護的六個步驟，此符號最常出現於救護車的車身上。

↑ 世界衛生組織 (WHO) 標誌

↑ 臺灣衛生福利部標誌

↑ 生命之星

單蛇杖VS雙蛇杖的誤用

蛇杖圖像常見於醫療體系，但若仔細觀察會發現除了上述的「單蛇杖」，竟然還有另一種「雙蛇杖」，且蛇杖有時會多加一對翅膀！難道多加一條蛇，治療威力強到可以飛天？

追本溯源，醫療體系出現雙蛇杖算是傻傻用錯符號！

正統的醫療圖像是醫神專屬的單蛇杖，雙蛇杖則是諸神信使荷米斯的專屬神器。荷米斯是信使之神兼商旅之神，古希臘人相信帶著雙蛇杖或刻有雙蛇杖圖像的護身小物做生意，包準穩賺不賠（大概像招財貓或金元寶的概念），因此雙蛇杖又被稱為「商神杖」，成為現代商業和國際貿易的通用標誌。

⇐ 荷米斯的羅馬神名是墨丘利，關於荷米斯的故事請見《乖，你聽畫：希臘羅馬眾神篇》〈有拜有保庇的跨界喬事王〉。

〈墨丘利離開安特衛普〉(*Mercury Departing from Antwerp*)，魯本斯（Peter Paul Rubens，1577～1640年）、范圖爾登（Theodoor van Thulden, 1606～1669年），繪製年代不詳，藏於瑞典國立博物館

主題二

英雄與怪物的冒險

Chapter

7 斬妖專家——柏修斯

Perseus

斬妖專家斬首蛇髮女妖

——柏修斯與梅杜莎頭顱

柏修斯（Perseus）是希臘神話的早期英雄，因斬殺傳說級怪物「蛇髮女妖梅杜莎」一戰成名！柏修斯經歷闖江湖、殺蛇妖、砍海怪、救公主等各種冒險，就像電玩遊戲的制式關卡，是許多創作者喜愛的英雄故事。好萊塢電影《超世紀封神榜》正是取材自柏修斯的冒險旅程，不過電影改編程度與原始故事大幅脫鉤，就讓我們還原真相，介紹這位拿著蛇妖頭顱四處亂晃的斬妖專家。

阿爾戈斯國王阿克里西俄斯（Acrisius）膝下僅有一女，獨生女達娜厄（Danae）天生麗質而芳名遠播，但國王一點也不高興，因為他需要的是能繼承王位的強壯兒子。為此煩惱不已的國王動身前往古希臘城邦的共同聖地德爾菲神廟，向光明神兼預言神阿波羅祈求神諭，想知道他命中是否有子？

國王滿懷期待，不料神廟女祭司不僅搖頭說沒有，還加碼爆料壞消息：「國王將會死於外孫之手。」國王聽完晴天霹靂，轉身快馬加鞭直奔王宮，下令趕工建造一座銅屋，把達娜厄關進這間銅牆鐵壁的密室。國王的意圖十分明顯——只要女兒一輩子老處女，神諭就不可能實現！

可惜啊～國王再怎麼深思熟慮，仍無法抵擋希臘神話的潛規則：凡是神王宙斯看上的雌性生物有87％機率會懷孕（這什麼潛規則好可怕！）。美麗的達娜厄當然也被列入宙斯的獵豔名單，而國王的小小銅屋又怎能阻擋宙斯的大大淫慾呢？

於是，宙斯濫情史上最離奇的為愛大變身出現了——只見宙斯幻化成一場「黃金雨」，從銅屋唯一的天窗飄進室內，淅瀝淅瀝淋在達娜厄的胴體上，澆灌她渴望愛情的乾涸身心。這場黃金雨根本就是「皇精雨」，大雨淋漓後的達娜厄毫無意外懷上了皇種，她嚴守這說不出口的祕密，十月孕期無人聞問，直到順利產下兒子柏修斯，嬰兒啼哭響徹銅室才東窗事發。

國王再次晴天霹靂，理智斷線的他亟欲殺死這對母子，但害怕被孩子親爹宙斯報復，只好把女兒和外孫塞進一只大木箱，扔入大海任其自生自滅。宙斯發現母子遭遇危險，連忙指示海王波賽頓平息浪濤，庇護這對可憐母子漂流到塞里福斯島。幸運的是，無依無靠又無謀生能力的達娜厄母子，被塞里福斯島主的兄弟，一位名叫狄克提斯 (Dictys) 的善良漁夫所收養。

十數年後，柏修斯長大成人，母親達娜厄依舊光采動人，垂涎美色的無良島主波呂德克特斯 (Polydectes) 想娶她為妻，卻屢遭柏修斯強力阻擋。為了除掉礙事的拖油瓶柏修斯，島主假裝放棄追求達娜厄，公開宣布迎娶他國公主，並要求每位島民獻上駿馬作為結婚賀禮。

別說駿馬了，身無分文的柏修斯連件像樣禮物都拿不出來，但年輕氣盛的他丟不起這個臉，而奸詐島主料準他的個性，趁機開口要求他改以梅杜莎的頭顱代替。梅杜莎是蛇髮女妖三姊妹的小妹，也是三姊妹中唯一會死亡的怪物，傳聞與她眼神交會的人都會瞬間被石化（這份結婚賀禮也太不討喜了吧！）。想也知道這是島主的差勁詭計，但不知死活的柏修斯發下豪語，發誓會將女妖頭顱獻給島主。

柏修斯撂狠話要單挑梅杜莎，但問題來了，這傻小子根本不知道女妖身在何處啊？要斬妖可以，總得先知道妖怪家的地址吧！於是，柏修斯決定去德爾菲神廟尋求指引，但神廟女祭司搖頭說不知道……。柏修斯當場呆愣原地，這才驚覺自己的愚蠢無知，離開神廟後的他四處流浪，採取逢人就問的地毯式搜查，但始終毫無線索。

然而，別忘了柏修斯是誰家兒子，擁有半神基因的他自帶主角光環，就算神諭不給指引，絕境之中還是自有神助！信使之神荷米斯和智慧女神雅典娜跳出來指點迷津，引導柏修斯先去找傳說中的灰女巫格賴埃（Graeae）領取「斬妖裝備」。

格賴埃是三位猥瑣醜陋的老巫婆，姊妹三人輪流使用一隻眼睛和一顆牙齒，柏修斯趁她們傳遞眼睛的瞬間，快手搶走那隻唯一的眼睛，逼迫她們交出斬妖裝備。可憐兮兮的灰女巫為了取回眼睛，只好透露保管裝備的正確位置——去世界極西處找仙女姊妹赫斯珮莉得絲（她們除了管理天后赫拉的金蘋果聖園，還要保管英雄的斬妖裝備有夠忙），她們會贈予他一雙飛天羽翼鞋、一頂隱形頭盔、一只可容納任何物品的魔法寶袋。

柏修斯順利取得斬妖裝備之後，荷米斯還送給柏修斯一把鋒利長劍，助他斬妖除魔；雅典娜則送給柏修斯一面青銅圓盾，助他閃避攻擊。有最強隊友的神助攻，柏修斯就像開外掛的一級玩家，無痛解鎖關卡和升級道具，準備出發去找大魔王梅杜莎一決勝負了！（柏修斯的戰鬥經驗值偏低，但他有主角光環加持所以也只能通融了……。）

荷米斯不愧是穿梭三界的信使之神，連梅杜莎的蛇窩位置都瞭若指掌，柏修斯在神仙指路下，終於登上蛇髮女妖窩藏的神祕小島！然而，他卻驚訝地發現那座小島簡直像座雕像博物館，到處都是瞥到梅杜莎雙眼而慘遭石化的人像，一座座顯露懼怕、掙扎、猙獰的石像，無聲發出死前最後一刻的高聲尖叫。（咦！這麼多人登島成功，小島其實也沒有很神祕嘛！）

柏修斯躡手躡腳找到了蛇髮女妖三姊妹，他右手提著利劍、左手拿著圓盾，挨身躲在岩石暗處，利用青銅盾面反射的影像來觀察女妖們的動靜。柏修斯耐心等待她們熟睡後，悄聲靠近雙眼緊閉的梅杜莎，一鼓作氣砍斷她的脖子！

梅杜莎發出一聲淒厲尖叫，斷頸噴湧出大量鮮血，頭顱咕咚滾落在地，柏修斯急忙抓起被砍斷的頭顱，在另兩位女妖姊姊的憤怒嚎叫聲中，踩著會飛的羽翼鞋，沒命似地拔腿就逃。多虧飛天羽翼鞋與隱形頭盔，柏修斯勉強逃過女妖姊姊們的追殺，乘風鼓翼穿梭浩瀚天際。當他飛越非洲大陸時，卻發現一名美麗少女被綁在海邊礁岩上……。

藝術主題——柏修斯與梅杜莎頭顱

當柏修斯斬首梅杜莎的驚險瞬間轉化成藝術形式，多呈現柏修斯高舉梅杜莎頭顱的勝利英姿，炫耀他成功獵殺女妖的戰功。為展現英雄的健美體態，柏修斯幾乎以裸體穿搭頭盔和披風的造型亮相（披風從古代就是超級英雄的必備穿搭！）。欣賞藝術品時，掌握以下關鍵線索，即能辨識出這位「斬妖專家」！

✦ 2個關鍵線索

(1) 主要人物：柏修斯，全裸穿搭頭盔和披風；右手持長劍、左手高舉梅杜莎頭顱

(2) 識別物件：梅杜莎頭顱，頭髮全是毒蛇的女性頭顱

義大利文藝復興時期的藝術家切利尼多才多藝，除了是金匠、畫家、雕塑家、長笛音樂家，居然還是位戰士，在「羅馬之劫」為教皇克萊孟七世（Clemens PP. VII，一四七八～一五三四年）保衛聖天使堡，擊斃數十名敵人。切利尼撰寫自傳，記錄他高潮迭起的一生（大部分經歷歸咎於他的火爆性格和混亂私生活），成為十六世紀重要歷史文獻之一。

切利尼留名藝術史的除了這本自傳，還有他傑出的雕塑作品，其中最具代表性的〈柏修斯與梅杜莎頭顱〉，是他為佛羅倫斯公爵兼美第奇家族大當家科西莫一世（Cosimo I de' Medici，一五一九～一五七四年）創作的青銅雕塑，作品展示於義大利佛羅倫斯領主廣場的傭兵涼廊，該景點毗鄰大名鼎鼎的烏菲茲美術館，如今是一座展示文藝復興時期雕塑的露天藝廊。

切利尼接到大金主科西莫一世的訂單，得知他的雕塑作品將陳列於傭兵涼廊後焦慮不已，因為當時涼廊和廣場擺放著雕刻家多那太羅〈友弟德和荷羅芬尼斯〉，以及米開朗基羅〈大衛像〉這兩座教科書等級的大師作品。根據切利尼的自傳，為了完成相得益彰的作品，他投入近十年光陰創作，但鑄造銅像的過程多次失敗，伴隨困難而來的沉重壓力快將他逼入絕境。

〈柏修斯與梅杜莎頭顱〉柏修斯頭戴羽翼鋼盔、腳穿飛天羽翼涼鞋、右手緊握鋒利長劍、左手高舉梅杜莎頭顱，健美勻稱的肌肉線條志在符合古希臘雕塑追求的完美體態。梅杜莎頭顱雙目緊閉、頭頂纏繞蛇群，捲曲的條狀血串從斷頸處直瀉而下；柏修斯腳底踩的正是梅杜莎的無頭屍體，軀幹呈現詭異角度，斷頸處同樣噴湧條狀血串。梅杜莎看來越是怵目驚心，就越是突顯柏修斯從容不迫的英雄風範。

此座雕塑可說是切利尼的畢生得意之作，他甚至在柏修斯的頭盔背面雕刻了自畫像。當青銅材質的〈柏修斯與梅杜莎頭顱〉進駐傭兵涼廊，原先陳列的白色大理石雕塑彷彿變成被梅杜莎石化的雕像，用來陪襯這對英雄與怪物搭檔。切利尼的最後成品受到大眾熱烈好評，也不枉那段嘔心瀝血快被逼瘋的十年時光了。

⬆銅像基座下方還有四尊小型青銅雕像，分別展示宙斯和達娜厄（柏修斯的親爹娘）、荷米斯和雅典娜（柏修斯的神隊友）。

〈柏修斯與梅杜莎頭顱〉(*Perseus with the Head of Medusa*)，切利尼（Benvenuto Cellini，1500～1571 年），作於 1545～1554 年，藏於義大利佛羅倫斯傭兵涼廊

➔柏修斯居然直視梅杜莎的雙眼，真替他捏把冷汗！

〈柏修斯的勝利〉(*Perseus Trikmphant*)，卡諾瓦（Antonio Canova，1757～1822 年），約作於 1800 年，藏於梵蒂岡博物館

⬅梅杜莎屬於蛇髮女妖戈爾貢三姊妹的成員，戈爾貢在某些故事被描述為有翅膀的怪物。

〈柏修斯與蛇髮女妖戈爾貢〉(*Perseus and the Gorgon*)，卡蜜兒．克洛岱爾（Camille Claudel，1864～1943 年），作於 1987 年，藏於法國卡蜜兒克洛岱爾博物館

怪物檔案

蛇髮女妖梅杜莎

梅杜莎是希臘神話名氣響亮的怪物，整頭盤繞毒蛇的頭髮，一雙使人石化的眼睛，但凡與她眼神交會的人都會被詛咒魔力搞得渾身僵硬。梅杜莎與她的兩位姊姊合稱為蛇髮女妖戈爾貢(Gorgon)，你可以把她們想像成一組三人女子團體，全團造型是尖牙蛇髮的女性怪物。

梅杜莎的身世眾說紛紜，有人說她是深海海神和凶惡海妖的產物，有人說她是暴風巨人和半人半蛇怪的結晶，其原始形象是一隻張牙舞爪的大怪物，任何看到梅杜莎雙眼的人都會變成石像，因此「梅杜莎」一詞最早的意思是「極度醜陋的女子」。

根據古希臘詩人赫西俄德(Hesiod)撰寫的《神譜》(*Theogony*)記載,梅杜莎曾與海王波賽頓發生性關係(海王果真是「海王」,愛情漁場範圍之大啊!),最終下場遭柏修斯斬首,頭顱被獻給智慧女神雅典娜,裝飾在女神的埃癸斯神盾,敵人只要看到這面盾牌就會變成石像。

然而到了羅馬神話,梅杜莎的怪物形象出現重大改變!古羅馬詩人奧維德撰寫的《變形記》創作出截然不同的梅杜莎,該版本故事採用希臘神話的部分元素,再加入作家個人的想像力,成為現今流行版本的蛇髮女妖梅杜莎。

羅馬神話的梅杜莎原本是位大正妹,一頭柔順不毛躁的金色長捲髮,總是自帶完美天使光,吸引眾多男子的愛慕眼光。某日,梅杜莎前往密涅瓦神廟膜拜,卻不幸遭受海王涅普頓強暴!涅普頓因「雅典城之爭」敗給密涅瓦而心生怨懟,刻意玷汙密涅瓦的聖殿,他知道密涅瓦是職司智慧、勝利、貞潔的「處女神」,絕對無法容忍有人褻瀆她的神聖之地!(密涅瓦對應希臘神話的雅典娜、涅普頓對應希臘神話的波賽頓,本故事引用羅馬文學,為求精確採羅馬神名。)

感應到神廟被玷汙的密涅瓦暴走大抓狂,無奈海王是天界大神,不好鬧大……,密涅瓦無處宣洩怒氣,瞥到瑟縮在角落哭泣的女人,決定懲罰梅杜莎作為給海王的嚴正警告（結果海王根本不在意！）。密涅瓦對梅杜莎施展神力，將她引以為傲的金髮變成一條條呲牙裂嘴的毒蛇，任何人見到梅杜莎的雙眼就會馬上被石化。密涅瓦實在太氣，似乎覺得這還不足以消心頭大恨，甚至一併詛咒梅杜莎的大姊斯忒諾 (Stheno) 和二姊歐律阿勒 (Euryale)，讓兩人也變成嘴長尖牙、頭生毒蛇的怪物，雙目同樣能將人石化，且比梅杜莎更厲害的是擁有不死之身。

三姊妹就這樣衰小成為又醜又恐怖的「蛇髮女妖戈爾貢」，惡名昭彰而人盡誅之，她們為避免被凡人（通常是自稱英雄的無聊人士）打擾，遠遁不為人知的神祕小島隱匿。自此之後，再也沒有人看過她們，正確說法應該是——沒有人看過她們後還能活著回來（梅杜莎：人不犯我，我不犯人，人若犯我，老娘就跟你拼了）。很久以後，當世人再次見到梅杜莎，她已成為柏修斯的戰利品了。

比較獵奇的是，梅杜莎慘遭柏修斯斬首所噴散的鮮血，竟然誕生出「巨人克律薩俄耳」(Chrysaor) 和「飛馬佩加索斯」(Pegasus)。克律薩俄耳是一位手握黃金之劍的巨人，佩加索斯是一匹長有雙翼的白色駿馬，俗稱天馬或飛馬，是神話著名的奇幻生物，也是星空「飛馬座」的由來。（再次見識到神話超越遺傳學的超強神力：海王和蛇髮女妖的基因竟然結合出一匹長翅膀的馬！）

柏修斯打包外帶梅杜莎的頭顱，踩著飛天羽翼鞋穿梭天際，當他飛越非洲上空，梅杜莎滴答的血液沿途灑落沙漠，孕生不計其數的蛇族；當他飛越世界極西處，梅杜莎瞪大的雙眼石化了擎天神阿特拉斯，將他變成雄偉的阿特拉斯山脈；當他將梅杜莎的頭顱放在海草上，嫩草軟枝也承受不住劇毒而變成了珊瑚。梅杜莎頭顱的威力之強大，以致柏修斯重度依賴其妖力，在後續故事把她當成終極武器使用。

梅杜莎是人盡誅之的神話怪物，但追根究柢故事始末，當中涉及的暴行顯而易見：冷酷性侵、不公審判、慘遭毀容、拖累無辜家人、逃離故鄉，甚至在睡夢中被謀殺。在男性英雄主導的冒險歷程，梅杜莎是一個注定犧牲的角色；在父權至上的古代社會，梅杜莎是位被迫沉默的女性（就連女神也變成體制下的幫凶）。她或許單純是一則神話，但幾千年過去，多少遭到施暴的女性被妖魔化，最後被社會輿論霸凌歧視而亡？一旦轉換故事視角，就會發現真正殺人的不是梅杜莎的石化雙眼，而是傳統父權價值觀的偏頗凝視，然而人們可沒有梅杜莎反抗的石化力量，唯有自我意識的覺醒，才是面對侵犯的強大武器。

梅杜莎遭遇一連串不幸事件，世人卻一直以醜陋怪物視之，使她長期活在被嚴重誤解的霸凌歧視。好佳在~她可不是一路被壓著打，近年流行文化與時尚界重新審視梅杜莎的定位，使她搖身一變從恐怖怪物翻轉為令人著迷的魅力形象，例如亞洲流行天后蔡依林的歌曲〈美杜莎 Medusa〉以蛇髮女妖為創作靈感、西洋流行天后蕾哈娜也曾為時尚雜誌拍攝一組梅杜莎主題照。時尚名牌凡賽斯（VERSACE）更是受到梅杜莎啟發，將女妖頭顱置於商標中央，周圍環繞古希臘回紋設計，凡賽斯創意總監多娜泰拉・凡賽斯（Donatella Versace）為此種形象翻轉做出很好的詮釋：「梅杜莎在希臘神話中並非善類，她可以在一瞬間摧毀你；但同時，你卻不能將視線從她身上移開。」

梅杜莎擁有驚人外貌，曾經美麗但隨之恐怖；擁有強大力量，可以殺戮亦可以制敵；一雙致人於死的眼睛，吸引無數恐懼又好奇的追逐目光（人家都躲到小島了，還有一堆人自願登島送死）。極端對比的特質，造就她成為人們又怕又愛又想追逐的代名詞，我們因此可以肯定一件事——柏修斯的英雄名氣是因為他蹭熱度斬殺了梅杜莎，但梅杜莎的響亮名氣卻來自她自身的「致命」魅力。

最後一提，除了應該為梅杜莎平反，還有另一位女性角色「雅典娜」也該被平反！由於羅馬文學《變形記》的關係，希臘神話的優質女神雅典娜遭受「是非不分」的罵名，但其實該罵的是羅馬神話的密涅瓦。羅馬神話取材自希臘神話，神職多承襲對應，但兩套神話體系仍有諸多不一致之處，大家罵人可要罵對人啊！（至於罪魁禍首海王涅普頓就請他下地獄吧！）

梅杜莎的怪物特徵

梅杜莎從希臘神話到羅馬神話的藝術形象發生轉變，落差之大可不只大媽一秒變少女的網美濾鏡這麼簡單！雖說沒有比較沒有傷害，但為了更加認識魅力兼具殺傷力的梅杜莎，以下就來互相傷害一下吧！

「希臘神話版本」梅杜莎，被描繪成口吐大長舌、嘴生豬獠牙、嘴邊肉浮腫、腦袋盤繞蛇隻，雙眼直視觀者，偶爾外加一對蝙蝠翅膀的怪物。依照故事劇情走向，柏修斯將梅杜莎頭顱獻給雅典娜，裝飾在女神盾牌上作為禦敵武器，使蛇髮女妖戈爾貢（特別指梅杜莎）從「邪物」轉變成「辟邪物」，成為驅邪圖騰「女妖臉形飾」（Gorgoneion），出現於神廟建築的牆面裝飾，正是取其驅邪避凶的強大威力。

除了建築物，女妖臉形飾還常出現在古希臘的服裝、餐具、武器和硬幣等物品作為裝飾圖騰，受歡迎程度僅次於幾位奧林帕斯大神們，可說是超高人氣的恐怖吉祥物！

「羅馬神話版本」梅杜莎，文藝復興時期之後的藝術家多取材自《變形記》，怪物特徵只保留滿頭糾結蛇髮的形象，但臉部改成正常女人的樣貌（總是一臉驚恐或厭世）。藝術家要不描繪柏修斯高舉梅杜莎頭顱的勝利英雄之姿，要不單獨描繪梅杜莎的恐怖斷頭，目的在喚起觀看者的恐懼。

➔ 雅典娜神廟的蛇髮女妖牆面裝飾，作於西元前575～550年，藏於義大利敘拉古保羅奧爾西地區考古博物館

← 〈帕拉斯雅典娜〉(*Pallas Athena*)，克林姆（Gustav Klimt，1862～1918年），繪於1898年，藏於奧地利維也納博物館

➔〈梅杜莎〉(*Medusa*)，卡拉瓦喬（Michelangelo Merisi da Caravaggio，1571～1610 年），繪於 1597 年，藏於義大利烏菲茲美術館

←〈梅杜莎〉(*Medusa*)，貝尼尼（Gian Lorenzo Bernini，1598～1680 年），作於 1638～1648 年，藏於義大利羅馬卡比托利博物館

斬妖專家再虐大海怪

——柏修斯與安朵美達

柏修斯成功斬殺蛇髮女妖梅杜莎，洋洋得意提著女妖頭顱，準備返回塞里福斯島炫耀戰功，當他飛越埃塞俄比亞（Aethiopia，現今撒哈拉沙漠以南的非洲大陸），不經意發現一名被綁在海邊礁岩上的少女，即便風吹日晒也掩蓋不住她的美麗。好奇的柏修斯降落少女身旁，一經詢問，發現少女居然是埃塞俄比亞國的公主安朵美達(Andromeda)！

安朵美達的母親卡西歐佩亞王后（Cassiopeia）虛榮傲慢，誇耀自己和女兒比所有的海洋寧芙更加美麗，這番狂妄言論觸怒了海王波賽頓（海王：我家老婆大人海后就是海洋寧芙，一介凡人居然敢大言不慚！），不敬神的後果導致海王嗆聲要淹沒整片國土，還要放出大海怪摧毀整座城市。

為了平息海王的怒火，國王柯甫斯（Cepheus）和王后請示神諭指點，但消除災難的唯一解法，就是將他倆的寶貝女兒安朵美達獻祭給深海大海怪刻托斯（Cetus）！國王和王后束手無策，迫於百姓的強烈抗議，只能含淚將公主綁上海邊岩石，讓不知何時會出現的海怪吞噬。

雖然老套，但自古英雄難過美人關，柏修斯對安朵美達一見鍾情，聽完她被蠢媽媽牽連的倒楣遭遇後，決定擔任護花使者守在公主身邊。

不知等了多久，平靜海面突然掀起滔天巨浪，碩大無比的海怪破浪而出，打算一口吞掉牠的獻祭品。安朵美達驚懼的瑟瑟發抖，柏修斯無畏的挺身而出，有主角光環加持的英雄就是不一樣，明明沒啥武力經驗值，居然憑著天生神力和厲害裝備與海怪一番激戰，最後把活了上萬年的海怪給砍掛了（其他故事版本說他使用梅杜莎頭顱來石化大海怪）。繼蛇髮女妖梅杜莎，再次成功砍怪的柏修斯成為名副其實的「斬妖專家」！

柏修斯趕緊為安朵美達鬆綁，並請求焦急等候一旁的國王和王后把公主嫁給他，國王夫婦心懷感恩的點頭答應，隨即著手為他們舉辦一場盛大婚禮。

婚宴進行到一半，國王的弟弟菲紐斯（Phineus）卻帶著一幫人馬，全副武裝闖進來搶奪新娘安朵美達。這位王叔原本是安朵美達的未婚夫（你沒看錯，他們是叔姪女關係），卻在公主存亡之際棄她不顧，如今看到她平安歸來，又不知廉恥地想要奪回她。

王叔向新郎柏修斯用力擲出長矛，柏修斯無奈被迫反擊，兩方爆發你來我往大亂鬥。柏修斯寡不敵眾，只好亮出他的終極武器「梅杜莎頭顱」，對著團團包圍他的敵人當面一照，敵人瞥到梅杜莎的雙眼，還沒反應過來就被變成一座座石像。嚇到失神的王叔見出師不利，立刻懦弱的跪地求饒，但最終還是沒能逃過變成石像的懲罰。

儘管這場婚禮大亂鬥可能造成新娘安朵美達一輩子的心理陰影，但她還是很開心能與救命英雄共度餘生。柏修斯帶著公主新娘返回塞里福斯島見婆婆，沒料到母親達娜厄因拒絕好色島主的惡霸逼婚而逃離了家園，他怒不可遏想起從前種種，決定對島主波呂德克特斯展開復仇！柏修斯闖入王宮大廳，對著島主高舉梅杜莎的頭顱，兌現曾經許諾要帶回的禮物。就那麼一眼，島主瞬間變成了石像，永遠固化成看見柏修斯的驚訝表情。

逼迫柏修斯母子的惡霸已死，柏修斯隨後找到母親，打算帶著母親和妻子返回祖國阿爾戈斯城，請求外公阿克里西俄斯國王重新接納他們。返鄉的路上，柏修斯聽說希臘北方正在舉辦運動大會，成為斬妖大英雄的他自信滿滿，臨時起意趕去參加競賽。柏修斯在競賽中使勁擲出鐵環，沒想到鐵環卻落在觀眾席，不偏不倚把一名觀眾砸死了！不知該說正巧還是不巧，那位倒楣的觀眾居然就是柏修斯的外公，國王當場氣絕身亡，終究還是應驗當年的德爾菲神諭：「國王將會死於外孫之手」。

柏修斯悲傷地親手埋葬了外公，主動放棄阿爾戈斯的王位，選擇在提林斯地區(Tiryns) 建立邁錫尼城 (Mycenae)，建立屬於自己的家族王朝，例如大名鼎鼎的大力神「海克力士」正是柏修斯的曾孫，不過，那又是另一篇說來話長的英雄故事了。

秋季星空的皇族星座

柏修斯一家過世後，宙斯將他們升上星空，化作秋季星空最有名的「皇族星座」：柏修斯成為「英仙座」、安朵美達成為「仙女座」、安朵美達的父親柯甫斯國王成為

「仙王座」，就連災難元凶卡西歐佩亞王后也雞犬升天變成「仙后座」，他們永存在暗夜星空中閃耀，紀念這段英雄冒險旅程。

藝術主題——柏修斯與安朵美達

柏修斯斬首梅杜莎後再虐大海怪的起因，來自他一眼煞到安朵美達的愛情故事，「柏修斯與安朵美達」是個受歡迎的古典藝術主題，即便有大海怪刻托斯這號重量級大咖，藝術家的重心仍是這對男女主角——柏修斯無論是飛天遁地斬妖中，或是意氣風發斬妖完，安朵美達永遠是近乎赤裸地被鎖鏈在海邊岩石上。藝術家（幾乎是男藝術家）目的明確，弱小無助的女性最能突顯男性優越的強悍有力。欣賞藝術品時，掌握以下關鍵線索，即能辨識出英雄斬妖救美的驚險時刻。

✦ 6個關鍵線索

(1) 主要人物1：柏修斯，全副武裝的男子，通常有二種行為表現，要不正在痛毆大海怪，要不正在搭訕安朵美達

(2) **主要人物2：安朵美達，被鏈在海邊岩石的裸體少女**

(3) **主要動物：大海怪刻托斯，一隻興風作浪的巨大怪物**

(4) **主要配角：天馬佩加索斯，一匹長有雙翼的白色駿馬**

(5) **識別物件：梅杜莎頭顱，頭髮全是毒蛇的女性頭顱，通常有二種表現方式，要不被柏修斯丟在腳邊，要不被鑲在柏修斯的盾牌**

(6) **畫面場景：海岸岩石區**

十九世紀英國學院派畫家和雕塑家雷頓，擔任英國皇家藝術學院院長一職直到去世為止共計十八年，他在去世前一日被賜封「雷頓男爵」的頭銜，隔日就不幸因心絞痛而猝死，由於沒有子嗣繼承男爵頭銜，雷頓因此成為歷史上最短命的貴族，榮耀短暫的令人惋惜。

雷頓傾向以古典神話和《聖經》故事作為繪畫題材，筆下的女性人物美麗恬靜、烘托氣氛和諧典雅，因此〈柏修斯與安朵美達〉可算是他少數具戲劇張力的作品——黑色怪物展開皮革般的雙翅，居高臨下壓迫安朵美達，被鏈鎖在岩石上的美麗公主為閃避怪物而肢體扭曲，白皙無瑕的裸體與黑暗堅硬的怪物形成鮮明對比，營造出命懸一線的迫切危機。

怪物沒有專注於牠的少女祭品，而是不自然地彎折脖頸對空吐焰，因為牠的翅膀不知何時被射中一箭，那箭來自天空中騎著天馬的柏修斯，他專程趕來營救無辜犧牲的安朵美達了！白馬王子散發明亮光環，展現出「公主別怕！我來救你！」英雄氣場。（彷彿能聽到超人登場的磅礡背景音樂。）

四年後，畫家再次以此則神話創作另一幅作品〈柏修斯騎天馬佩加索斯趕去營救安朵美達〉，這次聚焦描繪柏修斯騎著天馬的英勇身姿。天馬的出生離奇，乃柏修斯斬首梅杜莎後，從斷頸鮮血誕生的白色駿馬，最大特徵為背長一對飛天羽翼，是所有神話英雄都想養一隻的夢幻生物。部分故事描述柏修斯收服了天馬，騎著牠穿梭天際斬妖除魔。（英雄搭檔飛馬的帥氣度直線飆升，無怪乎出鏡率極高！）

〈柏修斯與安朵美達〉唯一不合劇情的部分，應屬雷頓對於大海怪刻托斯的描繪，刻托斯從遠古神話的深海大海怪，竟然變成童話故事的噴火巨龍！（居住在海底的海怪應該不需學習噴火技能吧！）

⇧〈柏修斯與安朵美達〉(*Perseus and Andromeda*)，雷頓（Frederic Leighton，1830～1896 年），繪於 1891 年，藏於英國利物浦沃克美術館

⇦〈柏修斯騎天馬佩加索斯趕去營救安朵美達〉(*Perseus on Pegasus Hastening to the Rescue of Andromeda*)，雷頓，約繪於 1896 年，藏於英國萊斯特新沃克博物館與畫廊

提香的畫作可說是最接近《變形記》，不僅畫面場景、人物和怪物造型，就連安朵美達腳邊的珊瑚（據故事描述是梅杜莎的劇毒造成）也被畫進去了。

〈柏修斯與安朵美達〉(*Perseus and Andromeda*)，提香（Titian，1490～1576年），約繪於1554-1556年，藏於英國倫敦華勒斯典藏館

魯本斯為平衡畫面配色將白馬變花馬，並加入為柏修斯戴上桂冠的雅典娜，以及強化愛情氛圍的小愛神。當然囉～重量級大海怪刻托斯也出現在畫面中，你有發現嗎？

〈柏修斯釋放安朵美達〉(*Perseus Releases Andromeda*)，魯本斯（Peter Paul Rubens，1577～1640 年），約繪於 1622 年，藏於俄羅斯艾爾米塔什博物館

怪物檔案

大海怪刻托斯

刻托斯是所有巨型海洋生物或巨大海怪的通稱，海中霸主「鯨目動物」(cetacean)一詞正是源自於「刻托斯」。

既是通稱，代表希臘神話不只一隻刻托斯，牠們散見於與海洋神祇相關的故事，有時是作為海洋寧芙的坐騎登場，但大多時候是海王波賽頓一言不合就放出刻托斯來懲罰人類，然後再出現英雄砍殺刻托斯的橋段，於是原本乖乖待在深海的刻托斯，就這麼三不五時被召喚出來領便當。(刻托斯：有海王這麼一個慣老闆，我容易嗎我？)

順道一提，深海不只一隻刻托斯，但本篇這隻大海怪後來與皇族星座一併升上秋季星空化作「鯨魚座」！雖然沒有證據，但可以合理懷疑宙斯是因為兒子柏修斯亂入海王的懲罰，還把人家的大海怪給砍死，特別作為給海王的補償吧！

刻托斯的怪物特徵

「柏修斯與安朵美達」神話廣為流傳，大海怪刻托斯也隨之蹭出高人氣，這則故事一般被認為是「公主與龍」的主題原型——英雄從怪物（通常是惡龍）的死亡威脅中，拯救出美麗的公主或貴族少女，獲救的公主會嫁給屠龍英雄以身相許——此類慣用劇情常見於中世紀傳說和童話故事。

大海怪刻托斯是「公主與龍」第一代怪物，最早描述其體型如同一艘船，造型可能是海蛇或某種混種獸：野豬臉孔、鯨豚軀體、分叉的扇形尾巴，再加上可以一口吞噬公主的尖牙巨嘴。隨著時間與文化轉變，刻托斯的形象也不斷變化，後期偶爾被混同為西方民間傳說的惡龍：頭生雙角、蝙蝠巨翼，再加上口噴烈焰的技能招式。正因如此，上文介紹英國畫家雷頓的作品〈柏修斯與安朵美達〉，畫中描繪的刻托斯形象也就沒這麼突兀了。

以下就來欣賞大海怪刻托斯在歷來藝術品的不同樣貌吧！

➔ 科林斯式黑色雙耳陶瓶，作於西元前 575～550 年，藏於德國柏林舊博物館

➔ 鯨魚座星圖插畫，取自讓·尼古拉斯·福汀（Jean Nicolas Fortin，1750～1831 年）著作《佛蘭斯蒂德天體圖集》(*Atlas Céleste de Flamstéed*)，出版於 1776 年

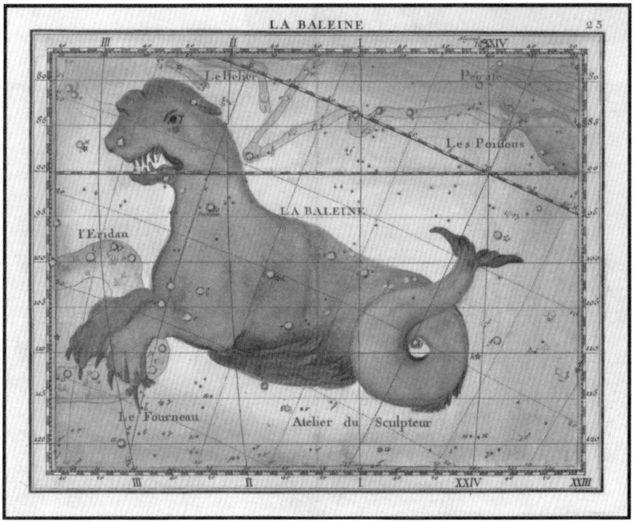

←〈柏修斯系列：末日應驗〉(*Perseus Cycle 7: The Doom Fulfilled*)，伯恩—瓊斯（Edward Burne-Jones，1833～1898年），繪於1888年，藏於英國南安普敦市藝術畫廊

↓〈安朵美達被柏修斯釋放〉(*Perseus Frees Andromeda*)，皮耶羅．迪．科西莫（Piero di Cosimo，1462～1522年），繪於1510～1515年，藏於義大利烏菲茲美術館

Oedipus

Chapter 8 悲劇之王——伊底帕斯

對抗命運的悲劇之王

——伊底帕斯與斯芬克斯

古希臘悲劇是西方文學的絢麗瑰寶，其精神不在於飆淚的悲傷，在於經由悲壯之美昇華觀眾的心靈，例如《伊底帕斯王》(*Oedipus Rex*)，正是流傳千古的傑出代表作。

古希臘劇作家索福克里斯（Sophocles，約西元前四九六～前四〇六年）以希臘神話的伊底帕斯 (Oedipus) 為故事原型，創作出三齣戲劇：《伊底帕斯王》、《伊底帕斯在

科羅諾斯》(*Oedipus at Colonus*)、《安蒂岡妮》(*Antigone*)。該系列圍繞男主角伊底帕斯發展，若要一句話形容他的人生，大概就是「拼死拼活避免悲劇發生但悲劇還是發生啦啦啦！」的悲壯故事。

在遙遠的底比斯城(Thebes)，國王賴歐斯(Laius)和王后依奧卡絲達(Jocasta)平安生下一名王子。王子誕生本該是舉國歡騰的喜訊，但向來以超靈驗神諭聞名的德爾菲神廟卻降下恐怖預言，預示王子成年後必會「殺父娶母」。(又是這家阿波羅經營的烏鴉嘴德爾菲神廟！)

不祥的未來籠罩底比斯王室，賴歐斯國王對神諭深信不疑，被嚇歪的他為了保住小命，竟決定先下手為強殺害自己的親骨肉。國王狠心搶走王后懷裡的小男嬰，拿粗針刺穿男嬰腳踝並將其雙足綁牢，然後命令王后殺死兒子以絕後患。王后捨不得傷害寶貝兒子，但王命難違，只好偷偷將男嬰交給牧羊人遺棄山野，任由這嚎啕大哭的小生命自生自滅。

多年後，賴歐斯國王在前往德爾菲神廟的路上遭到不明暴徒殺害身亡，似乎沒有應驗當年的德爾菲神諭。當國王駕崩的噩耗傳回底比斯城，對底比斯王室無疑是雪上加霜，因為他們正面臨前所未見的緊急危機——不知何時，底比斯城的連外道路盤據一頭「斯芬克斯」(Sphinx)，軀體是母獅、獅背長鷹翅，頭部卻是女人面孔的混種怪物。人面獅身的斯芬克斯有個詭異的惡趣味，牠最愛一屁股坐在路中間出謎語考驗路人，若路人回答不出正確答案，牠不僅不讓路人通過，還會當場把路人生吞活剝，凶殘得完全不講理！

無人知曉斯芬克斯的謎語，因為無人解開斯芬克斯的謎底，底比斯城的周邊道路盡是慘遭怪物滅口的旅人屍骨，這兒彷若一座孤島，再也無人敢進出這座城市。國王遭暴徒謀殺，加上怪物興風作浪，無能應對的底比斯王室因而公開宣布：「凡能驅除斯芬克斯的勇者，便可迎娶王后，繼承至尊的國王王位」。

鄰近城邦的科林斯王子伊底帕斯在前往底比斯的路上，果然也遇到謎語怪物斯芬克斯跳出來擋道。斯芬克斯不懷好意的盯著伊底帕斯，照例拋出牠的惡趣味謎語：「什麼動物是早晨有四條腿、中午有兩條腿、晚上有三條腿呢？」

伊底帕斯面對突然冒出來的怪生物和怪謎語，雖然驚訝但不退縮，冷靜思考後回答：「答案是人。人的一生如同一天，幼年如日出之時，嬰孩以四肢爬行；壯年如日正當中，成人以雙腳步行；晚年如日落時分，老人以枴杖徐行。」叮咚！斯芬克斯聽到正確答案後，便直接跳崖自殺了。（果然是個性詭異的怪傢伙。）

伊底帕斯走進封閉已久的底比斯城，全城一片騷動，因為這位年輕男子的出現，代表他成功擊退了斯芬克斯！伊底帕斯被百姓奉為大英雄，守信的底比斯王室依之前頒布的公告，將國王王位授予伊底帕斯，並為他和依奧卡絲達王后舉辦盛大的王室婚禮，這對新任王室夫婦從此過著幸福美滿的生活，陸續生下了二男二女。

原以為怪物已除，底比斯城自此天下太平，但這座城邦大概是風水不好兼流年不利，十多年後，城中爆發嚴重的瘟疫和饑荒。伊底帕斯王百般思考，卻無法解決日益嚴重的問題，這次攸關百姓安危的困境，可不只是一道謎語如此簡單而已。在無解的情況下，伊底帕斯王只好派遣使者到德爾菲神廟祈求神諭，使者求得神諭後，馬不停蹄趕回底比斯王宮宣告：「若要解除瘟疫，必將殺死前任國王賴歐斯的殺人凶手繩之以法。」

神諭如此明示，伊底帕斯王開始調查沉寂多年的案件。沒想到，案情越追越明朗，真相也越來越駭人，這起前任國王謀殺案居然抖出一個驚爆真相——伊底帕斯就是當年那名被賴歐斯國王拋棄的親！兒！子！

話說當年賴歐斯國王為了保命，命令王后將襁褓中的兒子處死，於心不忍的王后只好將男嬰交給牧羊人遺棄山野，但於心不忍的牧羊人卻將男嬰再轉交給一位來自異地的陌生人照顧；這位陌生人是科林斯城的國王使者，他見男嬰的雙足被綑綁而腫脹，因而喚他「伊底帕斯」，古希臘語意為「腫脹的腳」。國王使者將男嬰獻給膝下無子的科林斯國王，於心不忍的國王夫婦便將男嬰收作養子。伊底帕斯就這麼輾轉從底比斯王子變成科林斯王子，從小認定科林斯國王和王后是自己的親生父母。（小伊底帕斯就在各種於心不忍中被經手轉送，超展開的過程還得畫個人物關係圖才不會混淆。）

成年後的伊底帕斯去德爾菲神廟朝拜，卻意外從神諭中得知自己未來會「殺父娶母」！為了避免悲劇發生，他當機立斷逃離從小成長的科林斯城，躲避自己敬愛的親生父母（其實是養父母）。伊底帕斯心煩意亂，獨自在神廟附近徘徊，恰巧遇到前往神廟的底比斯國王賴歐斯（其實是親老爸）。這對不知對方真實身分的親生父子狹路相逢，因道路糾紛而發生激烈爭執，伊底帕斯一怒之下，竟把眼前的老頭與他的隨從全滅了。

後來的故事你我都清楚了，伊底帕斯遊蕩到底比斯城、擊退謎語怪物斯芬克斯、接任底比斯國王寶座、迎娶底比斯王后（其實是親老媽），冥冥之中應驗了德爾菲神諭預言「殺父娶母」的悲慘命運。王后得知真相後，無法忍受屈辱而上吊自盡；伊底帕斯王為自己的悖德行為和不潔身體感到羞恥，悲痛欲絕的放棄王位，並親手挖出自己的雙眼，他覺得齷齪的自己不配看著光明的世界，唯有黑暗的深淵才是他應該被放逐的居所……。

伊底帕斯的戀母情結

古希臘悲劇深刻圍繞一項主題：「命運」。巨大的命運齒輪下，渺小的人類即便拼命掙扎也難逃無情輾壓，然而這份對抗命運的勇敢精神，反映出古希臘人的哲學觀，展現企圖擺脫既定命運的強烈願望。

《伊底帕斯王》的國王老爹賴歐斯與逆倫王子伊底帕斯，這對父子檔面對不可抗的神諭，並非乖乖坐著等待命運安排，而是選擇起身逃離命運擺布，結局雖然依舊是場人倫悲劇，但他倆為了抵抗悲慘命運所做的抉擇，引發廣大觀眾與讀者的深層反思：「命運是什麼？」、「人們如何面對命運？」

順道一提，就我個人淺見（沒人想知道），求神問卜的父子檔，外加話說一半的德爾菲神諭，正是悲劇產生的最大亂源。凡人對抗命運的方式就是不要過度揣測未來，活在當下踏實生活，但話說劇作家若如此務實又無趣，就沒人要買票看戲，更不可能創作出扣人心弦的千古傑作。

正因劇情曲折離奇，結局令人唏噓，《伊底帕斯王》享有至高無上的評價。古希臘哲學家亞里斯多德（Aristotle，西元前三八四～前三二二年）稱譽它是悲劇典範、近代哲學家黑格爾（Hegel，一七七〇～一八三一年）和尼采（Nietzsche，一八四四～一九〇〇年）也多以它為理論依據、精神分析學創始人佛洛伊德（Freud，一八五六～一九三九年）甚至以此提出著名的「伊底帕斯情結」(Oedipus Complex)。

伊底帕斯情結又稱「戀母情結」，佛洛伊德引用伊底帕斯殺父娶母的故事情節，作為精神分析學說的題材。戀母情結不是心理疾病，也不是變態行為，是指男童成長過程的心理狀態，多發生在三至六歲（也就是佛洛伊德提出性心理發展的「性器期」），用以指稱男童愛戀母親，並對同性別的父親產生敵意的現象（例如叫爸爸不要碰媽媽、喜歡擠在爸媽中間睡覺等行為）。男童潛意識的假想中，為了避免自己的敵對意識招致父親傷害，同時獲得母親關愛，會開始模仿父親的行為，進而內化「父親」這一身分所代表的意義，包含男性的性別認同和社會價值等。

依據佛洛伊德的學說，戀母情結是男童轉男人的必經之路，但並非所有男童都能完全脫離戀母情結。保留戀母情結的成年男性，當然不是愛上自己的親娘，而是往後尋找伴侶時，容易愛上年長女性或與親娘氣質相似的女性。啊不過～「媽寶巨嬰」又是另一回事，再繼續寫下去怕本文會嚴重歪樓，只能提醒大家多多提防具備該項特質的伴侶！

藝術主題——伊底帕斯與斯芬克斯

伊底帕斯反抗命運的精神賺人熱淚，但藝術家最常取材的故事橋段竟是「伊底帕斯挑戰斯芬克斯之謎」！只怪斯芬克斯的外型太搶眼、個性太抓馬（謎語被人答對就哭哭跳崖），搶盡男主角的風采。欣賞藝術品時，掌握以下關鍵線索，即能辨識出這則故事。

✦ 3個關鍵線索

(1) 主要人物1：斯芬克斯，女性面孔＋母獅身軀＋獅背長翅膀的混種生物

(2) 主要人物2：伊底帕斯，與斯芬克斯互動的男子

(3) 畫面場景：荒野山谷，谷底有時堆積著屍骨殘骸

十九世紀新古典主義法國畫家安格爾，曾以「伊底帕斯與斯芬克斯」為主題繪製過三版畫作。第一版創作於一八〇八年，當時安格爾在羅馬開設畫室，將畫室學生的作品加以發展成自己的作品發表（這種藝術工作坊老師與學生的合作形式在當時很普遍），卻被藝評家批評畫面光線處理不佳而黯然收場。此畫後來被安格爾擱置畫室，直到一八二五年才重新設計畫面場景，例如放大畫布尺寸、修改斯芬克斯的姿勢、調整畫面的對比光線等，為原本只著重英雄與怪物的對決畫面增添更多故事細節。

〈伊底帕斯和斯芬克斯〉的小捲髮裸男毫無疑問是伊底帕斯，畫家藉由人物的肢體動作傳達他回答正解的英勇自信：直視怪物的無畏雙眼、面向怪物的前傾上身（為了更靠近怪物，不怕死的向前屈膝踏著岩塊），即便攜帶長矛也只是隨意勾在臂彎，因為他伸出的左右手指正忙著挑釁斯芬克斯：「我答對了吧！你這小怪物還不快滾開！」

畫家完整還原斯芬克斯的造型設定：女性面孔、獅子身軀、外加一對大翅膀，但原本人見人畏的怪物不僅被邊緣化，面對男人直勾勾的自信目光，牠陰影罩頂一臉陰沉，甚至連眼神都不敢直視牠的獵物，反而斜眼瞥向一邊，不敢相信自己得意的謎語竟被輕易解開。英雄與怪物的眼神流轉，雙方對決勝負已出！

安格爾還為畫作添加兩處細節：一是左下角露出的腳丫和白骨，代表慘遭怪物毒口的犧牲者；二是右邊遠景的男人，他因看見怪物而害怕退縮，正用以對比伊底帕斯的沉穩自信。畫作修改完畢，安格爾於一八二七年法國巴黎沙龍再次展出此畫，只能說累積十數年的畫功沒有白費，此畫獲得藝評家一致好評。

最後再來看個小細節——伊底帕斯腳踩的岩石上留有安格爾的簽名與年份，此畫雖是一八二五年的重修作品，但簽名年份卻是修改前的一八〇八年，不知安格爾是否帶有雪恥的意味？

〈伊底帕斯解答斯芬克斯之謎〉(*Oedipus Explaining the Riddle of the Sphinx*)，安格爾（Jean Auguste Dominique Ingres，1780～1867 年），繪於 1808～1827 年，藏於法國羅浮宮

⇐ 牟侯應該是斯芬克斯的粉絲，以此藝術主題創作多幅畫作。筆下的斯芬克斯面孔柔美雅緻，若只看畫面上半部，會誤以為是男女深情對唱。

〈伊底帕斯和斯芬克斯〉(*Oedipus and the Sphinx*)，牟侯（Gustave Moreau，1826～1898 年），繪於 1864 年，藏於美國大都會藝術博物館

隨著畫家對故事的不同解讀，產生耐人尋味的互動詮釋，除了挑釁怪物、深情對唱，也有這種「你到底要我問幾遍！」的感覺。（伊底帕斯：抱歉再問一次……）

〈伊底帕斯和斯芬克斯〉(*Oedipus and the Sphinx*)，埃爾曼（François Émile Ehrmann，1833～1910 年），繪於 1903 年，藏於法國斯特拉斯堡現代藝術博物館

怪物檔案

人面獅身斯芬克斯

「斯芬克斯」原意為「人面獅身像」，相貌是女人臉孔，身軀卻是長著鷹翅的母獅。根據《神譜》，牠是雙頭犬歐特魯斯（Orthos，地獄三頭犬的狗兄弟）和噴火怪奇美拉（Chimera，獅子加山羊加毒蛇的混合獸）的女兒，親爹娘的基因組合多元，無怪乎斯芬克斯生得如此具有個人特色！（自從知道天馬佩加索斯是從蛇髮女妖梅杜莎的鮮血誕生而出，就知道這全都是幻覺嚇不倒我的！）

人面獅身怪不只出現於希臘神話，埃及、亞述和波斯等古文明均能見其身影，但究竟起源何處卻莫衷一是，普遍說法傾向源自於埃及神話。古埃及人相信人面獅身像具有驅魔避邪的力量，將其建置在宗教神廟或皇家陵墓的入口附近，例如現今最知名且最古老的「吉薩大獅身人面像」，這座高達二十公尺的巨大雕像鎮守著埃及尼羅河西岸的吉薩金字塔群(Giza Pyramid Complex)。關於這座石像的建造者、建造確切時間、原始造型等問題均充滿謎團，因此稱作埃及版「人面獅身像之謎」，與希臘神話的「斯芬克斯之謎」截然不同。

至於斯芬克斯為何會出現在古希臘的底比斯城呢?原因眾說紛紜，或說是天后赫拉、戰神阿瑞斯、酒神戴奧尼索斯，甚至是冥王黑帝斯從異域指派斯芬克斯來懲罰底比斯城。此說法暗示斯芬克斯並非希臘神話的原產怪物，而是引自某地的傳說與圖像（最有可能的地點即是古埃及），最後成為希臘神話怪物大家族的一分子。

斯芬克斯的怪物特徵

古埃及與古希臘的人面獅身像在造型和功能存有差異：古埃及的人面獅身像是男性面孔的雄獅，獅身並無翅膀，是善良仁慈的聖像，具有驅魔避邪的功用；古希臘的斯芬克斯則是女性面孔的母獅，獅身長有鷹翅，有些版本會為牠加裝一條蛇頭尾巴，是奸詐歹毒的怪物，只是愛出謎語騷擾路人外加阻礙交通的煩人精！

人面獅身像約於西元前十七世紀現身於古希臘世界，後用以裝飾各種物品，包括象牙和金屬製品、陶製器皿，以及寺廟或墓碑等建築，此時的人面獅身像因保留守護神屬性而受到歡迎。直到西元前五世紀，「斯芬克斯之謎」神話故事廣為流傳，器皿裝飾畫才開始出現伊底帕斯與斯芬克斯相遇的同框畫面。綜觀說來，人面獅身怪斯芬克斯在歷史上的知名度和實用度遠勝過伊底帕斯呢！

➔ 古埃及的吉薩大人面獅身像，推估西元前二十六世紀，位於埃及吉薩金字塔群

← 古亞述的帶翼人面獅身像牌匾，作於西元前八～九世紀，藏於美國大都會藝術博物館

→ 古希臘科林斯式人面獅身像盛油瓶，作於西元前六世紀，藏於希臘底比斯考古博物館

← 古希臘大理石柱頭和柱頂的人面獅身像，作於西元前530年，藏於美國大都會藝術博物館

Chapter

9 希臘大力神——海克力士

Heracles

榮耀或恥辱？大力神的誕生起源

——海克力士扼殺巨蛇

神話傳說的英雄豪傑何其多，但說到希臘全境正港男子漢第一名，當屬大力神海克力士（Heracles），他從希臘神話流傳到羅馬神話，再一路紅到迪士尼動畫，始終是人氣不墜的英雄偶像。海克力士是斬妖專家柏修斯的曾孫兒，是神王宙斯與人間公主的私生子。（老爸又是宙斯！所以從亂糟糟的家譜來看，他是柏修斯的曾孫兼同父異母小弟弟。）

天后赫拉向來苛刻老公宙斯的私生子女，對待海克力士更是心狠手辣，不僅要他死，還要他生不如死，但正是這種置之死地的無情輾壓，造就海克力士的傳奇一生，成為希臘神話最偉大的半神英雄。超級英雄的冒險清單超級長，大量古籍文獻流傳他的英勇事蹟，細節說法不一，本章挑選海克力士最常被藝術家取材的三則故事。

海克力士的母親是邁錫尼公主阿爾克墨涅（Alcmene，柏修斯的孫女），自小與堂兄安菲特律翁 (Amphitryon) 訂婚，兩人因國內局勢動盪而逃亡至底比斯城。小倆口結婚的前一天晚上，宙斯變身成安菲特律翁，夜訪公主並與之同床共枕，他對公主甚是愛慕，強迫太陽神赫利俄斯 (Helios) 休假，硬是把一夜春宵延長成三日時光。

漫長黑夜過去，在敵國打贏勝仗的正版安菲特律翁，快馬加鞭返回底比斯城與公主結婚。臉紅心跳的洞房花燭夜，安菲特律翁熱情擁抱美嬌娘，但公主卻一臉意興闌珊；安菲特律翁疑惑公主的冷淡反應，結果兩人一經比對發覺事有蹊蹺，意識到某位不明神靈介入了他們的婚姻。

隔日一早，夫婦倆連忙趕去詢問底比斯城的盲眼先知忒瑞西亞斯（Tiresias），先知向他們透露此乃宙斯所為，而且公主此刻已懷上一對雙胞胎，一是正版老公安菲特律翁之子，一是不朽神王宙斯之子。原來，渣男宙斯向來隨性所欲，但這次不單為了風流快活，主要是因為邁錫尼城失去正統的男性繼承人，他不想柏修斯血脈到此中斷，因此透過阿爾克墨涅公主來生育下一代優良基因的邁錫尼國王。

聽完盲眼先知的說明，公主整個大傻眼，原來婚前那晚的老公竟然是假老公，而且還是神王宙斯！遠在奧林帕斯山的天后赫拉也大傻眼，自己老公竟然冒充別人老公，而且還懷上兒子（應該說「又」懷上兒子）！赫拉恨透宙斯在外亂搞男女關係，為了報復丈夫的背叛行徑，總會苛刻宙斯的私生子女，她才不管宙斯什麼理由，得知這個心碎訊息後，便開始想方設法除掉情敵。

數月過去，阿爾克墨涅公主即將分娩，宙斯欣喜地對諸神宣布：「此夜，最先誕生的柏修斯後代，一位繼承我神王血統的男嬰，將成為人間霸主！」赫拉聽出宙斯話語間的盲點，迅速拉著分娩女神埃雷圖亞（Eileithyia）下凡阻礙公主生產；幾乎同一時刻，又連忙拉著分娩女神飛去邁錫尼城，強迫公主的親叔母早產生下兒子歐律斯透斯（Eurystheus，論輩分是海克力士的表叔）。由於赫拉插手攪局人間事，這位突然冒出來的歐律斯透斯，就成為宙斯口中的「人間霸主」。（是否覺得貴圈真亂？建議同步參照〈神話英雄大家族〉。）

阿爾克墨涅公主的生產過程極其痛苦，拼死拼活生下了雙胞胎，卻因害怕被赫拉報復，只好將宙斯之子遺棄荒野。智慧女神雅典娜全程看在眼裡，她向來扮演英雄保護者的重要角色（尤其善待老爸宙斯的私生子，想當年也曾義氣相挺柏修斯！），因此把被拋棄的男嬰抱去給赫拉。

赫拉只要不追著小三打，基本上是溫良恭儉讓的母儀天下代表，她沒有認出男嬰是宙斯的私生子，只覺得這孩子特別可愛討喜，出於憐憫而將他抱在懷裡餵養母乳。小男嬰飢腸轆轆，大力吸吮乳汁時弄痛了赫拉，赫拉一把推開孩子，神聖的天后母乳噴灑夜空，化為天上美麗的銀河。

雅典娜隨後把男嬰抱還給阿爾克墨涅公主，囑咐公主好好照顧男嬰，這孩子雖無法成為宙斯預言的人間霸主，但天生擁有神靈的不凡力量。公主遵照雅典娜的指示，將男嬰與他的雙胞胎兄弟伊克力士（Iphicles，也就是安菲特律翁之子）一起養育；為了平息赫拉的怒火，甚至將男嬰取名為「海克力士」，意為「赫拉的榮耀」，希望藉此榮耀天后赫拉。

可惜啊～這套巴結命名法徹底失敗，不僅沒有取悅赫拉，反而火上加柴又加油——可憎的宙斯私生子不僅喝她母乳，還膽敢以她命名，赫拉一想到海克力士就恨意滿點，哪裡榮耀，根本就是恥辱！

赫拉處心積慮要除掉小海克力士，她趁夜闌人靜之時，派出兩條毒蛇鑽進寶寶搖籃咬死他。雙胞胎寶寶被蛇驚醒，伊克力士被嚇得嚎啕大哭，海克力士卻伸出胖胖小手手，一手抓一條，雙手大力一握掐死兩條蛇。嬰兒房傳來寶寶不尋常的啼哭聲，公主媽媽等人趕忙衝進房內查看，訝異發現小海克力士坐在搖籃裡呵呵笑，手上還甩玩著兩條窒息的毒蛇……海克力士繼承神王宙斯的純正血統，加以餵養天后赫拉的神聖母乳，自小就展現超人力量，眾人都對這孩子的未來充滿期待！

藝術主題——海克力士扼殺巨蛇

海克力士寶寶展現徒手抓蛇的絕技，神奇力量嚇歪一堆大人們，意外成為藝術家喜愛的創作主題「海克力士扼殺巨蛇」。欣賞藝術品時，掌握以下關鍵線索，即能辨識此藝術主題。

✦ 3個關鍵線索

(1) 主要人物：海克力士，雙手抓兩蛇的冷靜小嬰兒

(2) 主要動物：蛇，已被或快被小嬰兒掐死的長蛇

(3) 畫面場景：昏暗的臥室場景

義大利佛羅倫斯的彼提宮是座規模宏大的宮殿，殿內的「大力神廳」裝飾多幅以海克力士為主角的畫作，描繪這位神話英雄一系列重要事蹟。大力神廳的畫作由托斯卡納大公費迪南多三世（Ferdinando III di Toscana，一七六九～一八二四年），委託義大利新古典主義畫家本維努提，帶領一群合作畫家和佛羅倫斯美術學院學生，費時十二年完成（繪於一八一七～一八二九年）。本維努提為呈現整體磅礴氣勢，事前進行大量的素描和草稿工作，最終使大力神廳成為十九世紀新古典主義藝術的最佳代表之一。

大力神廳懸掛四幅大型鑲框畫作，其中一幅就是令所有家長心跳漏一拍的〈海克力士扼殺巨蛇〉。畫面是夜晚的臥室場景，畫家運用光影對比兩組人物：一是小海克力士（寶寶的肌肉有夠結實！），他徒手掐住奄奄一息的巨蛇，身下是另一條已被掐死的毒蛇；二是公主媽媽，她緊抱弟弟小伊克力士準備落跑，目瞪口呆的表情傳達出她的恐懼。

不只公主媽媽，圍繞著小海克力士的護衛和褓姆們全都驚慌不已，唯一上前處理的養父安菲特律翁稍微鎮定些，但從高舉的雙臂也傳達他對眼前景象感到不可思議。畫家藉由對比人物的表情與肢體，展現小海克力士身為大力神的力量和勇氣。

畫家設計古希臘羅馬風格的宮殿建築，並添加幾處小細節以呼應故事，例如柱子上方手持蛇杖的雕像，是同樣有殺蛇經驗的醫神之祖阿斯克勒庇俄斯；鋪在寶寶搖籃的獅子皮，是海克力士長大後的人物形象特徵。至於飄浮於小海克力士上方的女神，正是毒殺事件的幕後黑手赫拉（王冠加孔雀是天后必備的人物形象特徵），她一臉不爽地看著自己精心策劃的謀殺大失敗。

彼提宮於十五世紀中葉建造而成，歷經佛羅倫斯最大勢力的美第奇家族、法蘭西皇帝拿破崙等權貴之手，世代蒐藏大量的珠寶和藝術品，現今是佛羅倫斯最大的博物館群，宮殿分為五座博物館，若有機會參觀彼提宮，請務必前往「大力神廳」看看小寶寶海克力士表演他的抓蛇絕技吧！

〈海克力士扼殺巨蛇〉(*Hercules Strangling Serpents*)，本維努提（Pietro Benvenuti，1769～1844 年），繪於 1817～1829 年，藏於義大利佛羅倫斯彼提宮

➔ 好棒喔～人家要和蛇蛇玩！

海克力士扼殺巨蛇的大理石雕像，約作於西元二世紀，藏於義大利羅馬卡比托利歐博物館

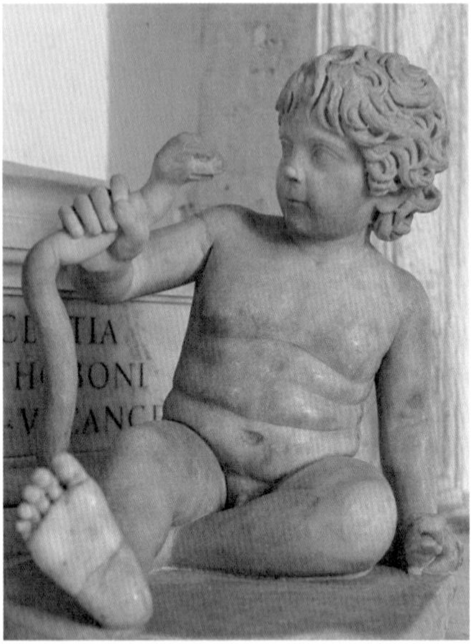

⬇ 輕輕捏一下蛇蛇就不動了，人家不是故意的！（嘟嘴）

〈嬰兒海克力士和巨蛇〉(*The Infant Hercules with the Serpents*)，范德沃夫（Pieter van der Werff，1665～1722 年），繪於 1700～1722 年，藏於荷蘭國家博物館

補充作品

➔〈銀河的起源〉(*The Origin of the Milky Way*)，丁托列托（Jacopo Tintoretto，1518～1594年），約繪於1575年，藏於英國國家美術館

←〈銀河的形成〉(*The Birth of the Milky Way*)，魯本斯（Peter Paul Rubens，1577～1640年），約繪於1636～1637年，藏於西班牙普拉多博物館

赫拉推開大力吸吮母乳的小海克力士，天后牌母乳點點滴滴噴灑夜空，形成一道無數細小點狀光源所組成的燦爛星帶，這道星帶被稱為「銀河」，英文 "milky way" 即是由此希臘神話典故而來。

美德或享樂？大力神的人生選擇

——十字路口的海克力士

海克力士從小展現超人力量，養父安菲特律翁雖被宙斯戴了頂大綠帽，但善良的他依然積極培育海克力士，大手筆為他聘請各領域專家，指導他成為能文能武的大英雄（「英雄訓練營班主任」半人馬族的奇戎也是他的導師之一）。海克力士不負眾望，擊劍、射箭、摔跤等武術項目表現頂尖，唯獨修習音樂課程極不順利，不只被二一還被死當，正確來說，應該是他把音樂老師利諾斯（Linus）「死當」！

利諾斯是琴聖奧菲斯的親兄弟，是著名的音樂家和詩人，也是雄辯的演講大師。利諾斯對海克力士的要求很高，可惜海克力士缺乏音樂天分又偷懶練習，時常惹這位嚴師發怒。某日，海克力士又在音樂課亂彈里拉琴（類似豎琴的古地中海琴種），音樂老師恨鐵不成鋼，大聲責罵並用棍棒體罰他；海克力士本就厭煩音樂課，舉起手中里拉琴就衝著老師腦門大力砸下。嬰兒海克力士就有徒手掐死毒蛇的神力，少年海克力士這一砸可不得了，當場就把老師給砸死了。

海克力士因謀殺罪而接受審判，但他腦筋動得快，居然引用當地法律為自己辯護：「凡自我防衛以抵禦不當侵略者的人都應獲釋。」因而被當庭宣告無罪。（若依今日法律判決，海克力士的行為早就超過「正當防衛」，而是必須被判刑的「防衛過當」！）海克力士雖然逃過一劫，但養父安菲特律翁很擔心這年輕氣盛的小子，改派他去山上照料牛群兼修身養性。

海克力士在山上放牛吃草時，有兩位神祕女人前來搭訕他。第一位女人對海克力士說，如果跟隨她，他將輕鬆享有財富和權力所帶來的快樂；第二位女人則對海克力士說，如果跟隨她，雖然辛苦，但他將獲得心靈和道德所帶來的滿足。面對這道選擇題，向來直覺思考的海克力士陷入困惑，他左右為難，幾經思考後選擇了第二位女人！

原來這兩位神祕女人分別是享樂女神和美德女神，「享樂女神」代表貪婪和物慾、懈怠與放縱，指引看似輕鬆安逸的成功捷徑，實則導向道德敗壞的痛苦結局；「美德女神」則完全相反，她代表節制和智慧、正義與勇敢，鋪造看似痛苦艱辛的歷練過程，最終卻會創造精神滿足的光明榮譽。海克力士沒有被享樂女神的引誘話術所詐騙，勇敢選擇面對人生的重重挑戰。

海克力士在牧牛期間，獵殺了殺害牛群的凶猛獅子、擊敗了進攻故鄉底比斯的敵國軍隊。當時的底比斯國王克瑞翁（悲劇之王伊底帕斯的叔叔，此時伊底帕斯還待在科林斯城，自以為是科林斯王子）為表揚海克力士的英勇戰績，將長女墨伽拉公主(Megara)嫁給他。

海克力士與公主的婚姻幸福美滿，但一直沒出場的赫拉可沒打算放過他——赫拉對海克力士施展詛咒，導致他發狂殺害妻子和全部孩子們。當海克力士從神智不清的瘋狂中清醒，不敢置信地瞪著眼前怵目驚心的景象，他抱著妻兒屍體放聲大哭，即便後來明白這是赫拉操弄的悲劇，卻依然無法原諒自己犯下的邪惡罪行。

海克力士不原諒自己，但他沒有選擇以死謝罪。為了懺悔自身沉重罪孽，海克力士來到德爾菲神廟祈求神諭，光明神阿波羅指引他前往邁錫尼城，為歐律斯透斯國王執行十項任務，一旦完成指定任務，他便能洗滌罪孽並獲得不朽名聲。

海克力士接收神諭後即刻啟程，但他不知道的是，神諭的幕後藏鏡人仍然是赫拉（阿波羅就算在自家地盤，碰到凶巴巴的後母赫拉也只能乖乖退讓），赫拉對海克力士的真正報復現在才要開始，等著他的是更加慘烈的生死挑戰，正如他當年選擇美德女神為他鋪蓋的歷練苦路。

海克力士的選擇

「海克力士的選擇」為古希臘哲學家普羅迪克斯（Prodicus，西元前四六五～前三九五年）創作的寓言故事，傳遞人生觀的重要抉擇：眼前利益VS未來價值。

我們和海克力士一樣，人生總會面對必須做出重大選擇的時刻，無論是事業、愛情或道德層面，都得考量不同因素，從而做出對自己最好的決定。然而，世上真有「最好」的決定嗎？想必是沒有，有的僅是「最於心無愧」的決定吧！海克力士放棄眼前短暫的享樂，追求長遠有益的美德，就算挑戰失敗也內心坦然，不枉人間走一遭！

藝術主題——十字路口的海克力士

青年海克力士面對兩條不同的人生道路，這令他左右為難的「十字路口」是岔路，亦是起點，選擇向左走或向右走會帶領人們通向截然不同的未來，因此在西方文化象徵著「人生抉擇」或「人生轉折點」。

這則故事自古希臘即受到重視，並於文藝復興時期廣泛流傳，許多創作者從中汲取靈感，因而成為西方文學和藝術的熱門主題。藝術品標題多命名為「十字路口的海克力士」或「海克力士的選擇」，畫家會藉由不同圖像傳遞他們心目中的「美德」或「享樂」。欣賞藝術品時，掌握以下關鍵線索，即能辨識此藝術主題。

4個關鍵線索

(1) 主要人物1：海克力士，夾在兩位女人中間的男人，左右為難地左顧右盼

(2) 主要人物2：美德女神，衣裝整齊的女人，有時會描繪為智慧女神雅典娜的形象（配件是頭盔＋長矛）

(3) 主要人物3：享樂女神，衣衫輕薄的女人，有時會描繪為美神阿芙蘿黛蒂的形象（配件是鮮花＋珍珠＋小愛神邱比特）

(4) 畫面場景：山林，左右各出現一條道路

十六世紀義大利巴洛克畫家卡拉契的作品〈十字路口的海克力士〉是該藝術主題的典型構圖：男人位於畫面中心，左右兩側是指引他前往不同人生道路的兩位女神。男人全身赤裸，只能從他手中「大木棒」判斷其身分是海克力士；海克力士雖然重要，卻不是辨認此藝術主題的決定關鍵，真正的關鍵是作為對照組的兩位女神。

畫面左邊衣裝整齊的女人是「美德女神」，藍衣紅袍的穿搭造型象徵著神聖（基督宗教畫的聖母馬利亞、基督耶穌也多做此裝扮），她指向一條崎嶇蜿蜒的山路，山路盡頭是送給海克力士的獎勵：天馬佩加索斯，牠是神話最夢幻的神奇寶貝，只有真英雄才配擁有的純白神聖飛馬。美德女神腳邊是頭戴月桂冠並手抱書冊的桂冠詩人，代表畫家心中的理想美德是「追求踏實的知識」。

畫面右邊衣衫輕薄的女人是「享樂女神」，她引誘海克力士前往繁花似錦的森林深處（女神連路都懶得鋪），腳邊的撲克牌、手鼓、弦樂器和翻開的樂譜象徵著遊玩嬉戲，置於樂譜上的兩副面具則象徵著虛假，畫家藉由組合這些圖像，表達他對短暫享樂的想法是「虛假感官的享樂」。

卡拉契對比兩位女神的姿態、表情和服裝，突顯「美德」和「享樂」的不同特質。海克力士選擇了誰？畫家通過海克力士身後一棵直挺的「棕櫚樹」給出明確答案——棕櫚樹在古羅馬文化象徵著戰爭勝利和光榮名譽，能在沙漠茂盛生長的特性，也被認為代表永生和不朽的神性。既然棕櫚樹暗示這麼多了，海克力士最後選擇哪條路自是不言而喻吧！

〈十字路口的海克力士〉(*Heracles at the Crossroads*)，卡拉契（Annibale Carracci，1560～1609 年），繪於 1596 年，藏於義大利拿波里國立卡波迪蒙特博物館

㊧ 海克力士：小朋友才做選擇，別選了我全都要！

〈十字路口的海克力士〉(*Hercules at the Crossroads*)， 蒂施拜因（Kasseler Tischbein，1722～1789年），繪於 1779 年，藏於德國歷史博物館

㊤ 海克力士：瞻前顧後好為難，左顧右盼如何選？

〈十字路口的海克力士〉(*Hercules at the Crossroads*)，索吉（Niccolo Soggi，約 1480～1552年），藏於德國柏林博德博物館

贖罪或立功？大力神的十二項任務

——海克力士的藝術形象

海克力士遵照德爾菲神諭的指引，來到邁錫尼國王歐律斯透斯面前，請求國王指派十項任務給他。這位國王正是當年宙斯宣布人間霸主誕生之夜，遭到赫拉強行誕生的孩子，搶占本該屬於海克力士的王位。歐律斯透斯不自知，但他就像赫拉的工具人，從他早產出生、登基為王，乃至指派任務，全是赫拉用以懲罰海克力士的手段；他為海克力士量身打造的任務清單，更是受到赫拉的唆使煽動，盡是些擺明要海克力士送死的艱鉅任務。

海克力士毫不猶豫地全盤接受，他自認罪該萬死，這樣的懲罰只是剛好而已，心甘情願踏上一連串贖罪之旅。他的第一項任務是「殺死尼米亞獅子」——尼米亞獅子是一頭常年盤踞於尼米亞地區（Nemean）的巨獅，經常戕害人民與牲畜，造成當地人心惶惶，因此國王要求海克力士殺死巨獅，並帶回獅皮為證。

海克力士拿著木棒、背起弓箭，獨自入山追蹤獅子足跡。他耗費多日終於發現傳說中的巨獅，這頭獅子比一般獅子的體型大上好幾倍，但海克力士二話不說，直接猛力朝牠射出一箭，力道足以貫穿任何毒蛇猛獸，但箭頭一碰到獅皮就彈開，根本無法傷害獅子分毫！海克力士眉頭一皺，原來尼米亞獅子的金色皮毛猶如刀槍不入的防彈衣，普通武器根本無法對付牠，只好趕緊撤退閃人。

海克力士思索著獵獅計畫，最後找到獅子窩藏的洞穴，便隱身樹叢耐心等待獅子回窩。這洞穴有兩個入口，他見獅子鑽進洞穴後，馬上堵住其中一個洞口，然後提著木棒從另個洞口走進去。海克力士要不是瘋了，就是對自己的力量絕對自信，他在黑暗狹窄的山洞和獅子展開貼身肉搏戰，狂暴獅吼持續迴盪在封閉空間。不知多久，震耳欲聾的獅吼一瞬間安靜了，原來海克力士用木棒擊暈猛獸，趁獅子昏迷失神時，以雙臂勒住粗壯的獅頸，徒手將尼米亞獅子活活扼死！

海克力士沒忘記要帶回獅皮作證，當他取佩刀試圖剝下獅皮時，卻遇到了大麻煩！尼米亞獅子的獅皮堅韌無比，任何凡間武器都無法傷害牠，海克力士有辦法殺死巨獅，卻沒辦法剝下獅皮。雅典娜注意到海克力士的困境（雅典娜真的很關愛他啊！），提點他剝下獅皮的正確方法，海克力士豁然開朗，隨即以尼米亞獅子那對能摧毀盔甲的鋒利獅爪，割開牠的厚實獅皮，順利扛著整張獅皮走下山。

獵獅計畫總計三十日（時間大概都用在苦思如何剝下獅子皮吧！），當歐律斯透斯國王見到肩扛巨大獅皮的海克力士，當場被嚇得躲進青銅缸裡，從此禁止他進城面見國王，只敢通過傳令官對他下達任務指令。

尼米亞獅子皮成為海克力士的戰利品，他以獅皮作盔甲、獅頭當頭盔，刀槍不入且一體成型的毛皮就像一套威武戰袍，幫助他面對之後更加艱難的挑戰。宙斯為紀念海克力士第一項任務旗開得勝，開心地將慘遭痛宰的尼米亞獅子升上星空化作「獅子座」。（星座解析獅子座特質是霸氣外露的王者，但其實是被剝皮的貓科動物，需要被好好疼愛啊！）

歐律斯透斯國王接續下令九項任務，分別是（二）殺死身懷劇毒的九頭蛇海德拉、（三）捕捉狩獵女神阿提米絲的聖牝鹿、（四）活捉厄律曼托山的大野豬、（五）清洗奧革阿斯國王的臭牛廄、（六）殺死斯廷法利斯湖的食人怪鳥、（七）制伏克里特島的白公牛（此牛是牛頭怪米諾陶的牛爸爸）、（八）制伏狄俄墨得斯國王的吃人牝馬、（九）奪取亞馬遜女王的族長腰帶、（十）牽回三頭巨人飼養的牛群。

海克力士出生入死完成所有任務，但國王硬是向這個好用的免費勞工追加兩項任務：（十一）摘取赫拉金蘋果聖園的金蘋果（此任務委託擎天神阿特拉斯完成）、（十二）活捉冥王黑帝斯的地獄三頭犬。這些任務除了幾項是真正為民除害，還有國王賣弄人情的外交手段，剩下就是非常擾民的行為。（冥王：沒事幹嘛捉我家小狗！三頭巨人：我的牛牛礙到你們了嘛！亞馬遜女王：把我的腰帶還來喔！）

海克力士不管不顧完成十二項不可能的任務，結束他彌補妻兒之死的贖罪之旅，照理說能安享平靜生活與不朽名聲，但他沒有就此止步，反而繼續展開一次次精彩冒險，留下一篇篇令人驚嘆的故事。海克力士冒險成癮，大概只有刺激和危險才能讓他感覺真正活著吧！

令人遺憾的是，這位偉大英雄的結局並不完美，他最後在痛苦中自焚而亡，好在宙斯將他受盡苦難的靈魂昇華成為神祇，並將青春女神赫柏（Hebe）嫁給他；至於恨死海克力士的赫拉，見他人死還能成神，也只能心不甘情不願的與他和解了。（赫柏是宙斯與赫拉的親生女兒，原本擔任天界斟酒官的赫柏在婚後被解除神職，推測可能是宙斯想讓他的小情夫擔任該職務所進行的低級操作，詳情請見《乖，你聽畫：希臘羅馬眾神篇》〈宙斯濫情史之為愛大變身——被劫持的蓋尼米德〉。）

海克力士一生驗證一句名言：「凡殺不死我的，必使我更強大」，他在冒險故事展現了大無畏的勇氣和臨機應變的機智，但這不全然是人們喜愛他的原因，他就像臺重型坦克車直直衝，易燃易爆炸的脾氣導致多重磨難，但他每每在失態或犯錯後，勇敢承擔自己犯下的錯誤。海克力士不是完美無瑕的人物，他擁有超人的強大力量，卻擁有貼近人性的率真性情，因而成為最受愛戴的神話英雄。

藝術主題——海克力士的藝術形象

神話故事中的海克力士要不在殺敵，要不在前往殺敵的路上，因此被描繪成肌肉發達的強壯男子漢，身披獅皮外加手持木棒是他的標準穿搭風格，此裝扮來自他的第一項任務「殺死尼米亞獅子」。欣賞藝術品時，只要掌握以下人物特徵，即能辨識出這位「希臘大力神」。

✦ 2個人物特徵

(1) 識別穿搭：通常身披獅皮，偶爾腰圍小塊布料或乾脆裸體，重點在展現全身壯碩肌肉

(2) 專屬武器：看起來很沉重的大木棒

以下就來欣賞海克力士執行各項任務的英勇表現，以及在這些任務出場的奇珍異獸吧！

【任務一：殺死尼米亞獅子】尼米亞獅子號稱毛皮刀槍不入、獅爪無堅不摧，原以為是矛與盾的對決，結果獅爪更勝一籌！

〈海克力士與尼米亞獅子的戰鬥〉(*Heracles and the Nemea Lion*)，魯本斯（Peter Paul Rubens，1577～1640 年），藏於羅馬尼亞國立羅馬尼亞藝術博物館

【任務二：殺死九頭蛇海德拉】海德拉是神話中的蛇形水怪，其氣息和血液皆劇毒無比，傳說每砍下一顆頭就會再長出一對頭，難以獨自對付，海克力士與他的姪子伊奧勞斯 (Iolaus) 聯手合作才成功制伏這尾九頭蛇。

〈海克力士與九頭蛇海德拉〉(*Hercules and the Hydra*)，波拉約洛（Antonio del Pollaiuolo，1429/1433～1498 年），約繪於 1475 年，藏於義大利烏菲茲美術館

【任務三：捕捉狩獵女神阿提米絲的聖牝鹿】牝鹿的奔跑速度快過飛箭，加上行蹤成謎，海克力士花費整整一年追蹤牠的足跡。歐律斯透斯國王（其實是赫拉）指派這項任務，目的在激怒狩獵女神懲罰海克力士，但女神理解海克力士的遭遇後，不再追究他捕捉聖牝鹿的粗魯行為。

〈海克力士和黛安娜的雌鹿〉(*Hercules and Diana's Hind*)，老盧卡斯．克拉納赫工作坊（Workshop of Lucas Cranach the Elder，1472～1553 年），繪於 1537 年以後，藏於德國安東．烏爾里希公爵美術館

【任務四：活捉厄律曼托山的大野豬】大野豬會把農田夷為平地，牠體型碩大且天性狂暴，偏偏橫衝直撞速度快，海克力士把牠趕進雪地深處才抓住牠。畫面遠景描繪他成功捕捉到野豬的背影。

〈海克力士和厄律曼托野豬〉(*Heracles and the Erymanthian Boar*)，德祖巴蘭（Francisco de Zurbarán，1598～1664 年），繪於 1634 年，藏於西班牙普拉多博物館

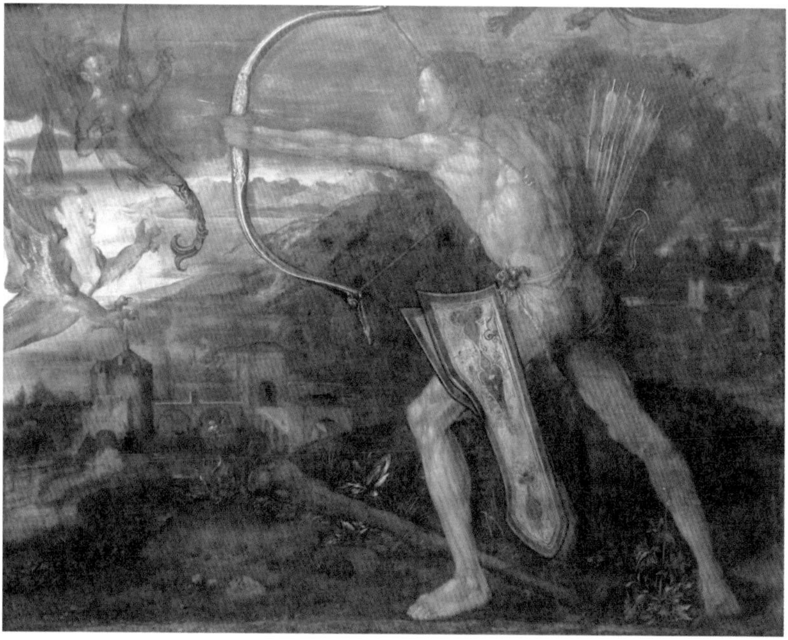

【任務六：殺死斯廷法利斯湖的食人怪鳥】這群食人鳥長著青銅鳥喙和金屬羽毛，能向敵人發射羽毛箭和有毒便便，牠們在斯廷法利斯湖繁衍大量後代，對當地人民造成困擾，海克力士用沾了九頭蛇毒液的毒箭獵鳥。

〈海克力士殺死斯廷法利斯鳥〉(*Hercules Killing the Stymphalian Birds*)，杜勒（Albrecht Dürer，1471～1528 年），繪於 1500 年，藏於德國日耳曼國家博物館

【任務十二：活捉冥王黑帝斯的地獄三頭犬】凡人無法進入冥府，因此海克力士是在黃泉引路神荷米斯的帶領下進入冥界。冥王同意暫時讓海克力士帶走地獄三頭犬，但前提是徒手制伏三頭犬（冥王：我家看門狗很忠心，不准打傷我家狗狗！），因此海克力士在地獄上演了一齣「冥府馴犬記」。

〈海克力士和三頭犬克爾柏洛斯〉(*Hercules and Cerberus*)，魯本斯（Peter Paul Rubens，1577～1640 年），繪於 1636 年，藏於西班牙普拉多博物館

Chapter 10 雅典英雄——忒修斯

Theseus

絕命迷宮大逃亡之英雄屠怪

——忒修斯與阿麗雅德妮

神話英雄人氣排行榜第一名固然是大力神海克力士，但這份榜單的統計地區不包含雅典城。雅典崇尚理性與文明，沒那麼欣賞像重型坦克車直線向前衝的海克力士，他們有自己的專屬英雄——雅典國王忒修斯（Theseus）！

忒修斯一生經歷各種生死冒險，無論身處順境或遭逢低潮，處處充滿過人的智慧，

時時展現友誼與正義的品格，使他成為英雄教科書的最佳典範，雅典媽媽們都希望兒子能有忒修斯一根腳毛這麼傑出！說起忒修斯的豐功偉業，絕對要認識他英雄出少年的發跡代表作：「逃出生天！世界最難破解迷宮之獵殺牛頭怪」。

忒修斯的母親是特洛伊森國（Troezenian）公主埃特拉（Aethra），生父身分稍微複雜，有說是雅典國王埃勾斯（Aegeus），有說是海王波賽頓，或說兩位同時都是（咦！）——在阿波羅的德爾菲神諭與智慧女神雅典娜那凡人難解的指引下，埃特拉公主和忒修斯的父親（們）發生了一夜情，因此忒修斯被認為既擁有凡人血統，又具備神祇力量。

一夜情過後的埃特拉公主懷孕了，她獨自留在娘家扶養小忒修斯，直到孩子長大後才向他坦承真實身分。埃勾斯國王並不是個甩鍋負心漢，只因當年雅典政局紛亂，為保全公主母子性命才獨自返回雅典；國王告別公主時，將自己的長劍和鞋履埋在一塊巨石下，承諾等忒修斯成長到有力氣搬開這塊巨石，就帶著這兩件信物來雅典城與他相認，爸爸我會準備好國王寶座等你來！

忒修斯得知實情後，輕輕鬆鬆舉起巨石取出信物（忒修斯：媽媽你早說嘛！），動身前往雅典去證明屬於他的王位繼承權。前進雅典的旅程，忒修斯放棄通順的捷徑，故意選擇危險的道路，一路剷除惡名昭彰的強盜、獵殺作惡多端的怪物、經歷冒險犯難的試煉，他的英雄事蹟隨之廣為流傳，英勇名聲甚至比他本人更快抵達雅典城，因而引起了埃勾斯國王的注意。

然而，埃勾斯國王被謠言慫恿，懷疑這位年輕英雄會篡奪他的王位，因此在歡迎英雄的筵席裡，偷偷在忒修斯的酒杯中下毒。幸好，國王眼尖注意到忒修斯的配劍和鞋子正是當年留給兒子的信物，緊急拍掉忒修斯手中的酒杯，擁抱眼前這素未謀面的兒子，宣布忒修斯是正統的王位繼承人。忒修斯赴湯蹈火證明自己擁有繼承王位的硬實力，而埃勾斯國王播個種就有個名震四方的英雄兒子，父子倆都激動地相擁而泣。

失散多年的兒子認祖歸宗是件天大喜事，但埃勾斯國王仍難掩心中煩憂，因為又到了被迫進貢活人祭品給克里特島的日子了！

多年前，雅典和地中海島國克里特發生戰爭，戰敗的雅典國王埃勾斯必須服從克里特國王米諾斯 (Minos) 的要求，定期提供七對少男少女給島上的牛頭怪米諾陶 (Minotaur)。米諾陶嗜吃人肉，為了囚禁這頭凶暴怪物，米諾斯國王下令全希臘最厲害的建築師兼發明家代達羅斯 (Daedalus) 建造一座無人能脫逃的巨大迷宮，定期將犯人和雅典進貢的活祭品丟進迷宮餵食米諾陶。

晉升為雅典王子的忒修斯無法坐視不管，自願偽裝成進貢的活祭品之一，搭船渡海前往克里特島，手刃這頭嗜血牛頭怪。埃勾斯國王當然不願意寶貝兒子犯難，但忒修斯保證會為民除害，並與父親約定好，若任務成功，他會在返回的送葬船上懸掛白帆；若任務失敗，送葬船仍會懸掛原本的黑帆，而勇敢的忒修斯以性命擔保，一定會讓父親看到白帆！

在雅典人民的默哀中，載著七對少男少女的送葬船出發前往克里特島了，依照慣例，他們抵達後必須先遊街示眾，再進入克里特皇宮面見王室家族。沒料到，米諾斯國王的女兒阿麗雅德妮 (Ariadne) 注意到了忒修斯，當場被他銳不可擋的英雄氣場迷得不要不要的，她深信此人未來必定不同凡響，寶貴性命不該葬送在牛頭怪口中，因此冒著被家族唾棄的風險，決定幫助忒修斯逃出迷宮。

阿麗雅德妮公主偷偷拜訪建築師代達羅斯，懇求破解迷宮的方法，代達羅斯可能出於對無辜犧牲的年輕生命感到內疚，或對米諾斯國王的殘忍統治感到不滿，於是將逃離迷宮的方法告訴了公主。當晚夜闌人靜時分，公主祕密傳召忒修斯，將一團金線球塞進他手中（順便摳一下他手心），教導他逃離迷宮的方法，同時大膽表明心意，希望忒修斯事成之後帶她遠走高飛。

不知道忒修斯原先的逃離計畫是什麼，但送上門的活命關鍵和美女公主豈有不接受的道理！在阿麗雅德妮公主的指點下，忒修斯將線頭綁在迷宮入口附近，進入迷宮後沿途放開金絲線；他越走越憤怒，迷宮廊道隨處可見散落的屍骨和斑駁的血跡，這座迷宮到底犧牲過多少人啊？最後，忒修斯在血腥迷宮的最深處找到了牛頭怪米諾陶，隨即與怪物展開血淋淋的生死格鬥，徒手擊殺了米諾陶。隨後，忒修斯按照金絲線記號的原路線返回迷宮出口，匆匆帶著同行被獻祭的少男少女，以及救命恩人阿麗雅德妮公主一起逃離了克里特島。

忒修斯一行人搭船返回雅典的途中，暫停在納克索斯島上休息，然而忒修斯在矇矓睡夢間，竟夢到神靈告誡他不要肖想阿麗雅德妮公主，因為公主早已許配給其他神明！被夢驚醒的忒修斯不敢反抗神意，悄聲命令船隻即刻啟程，拋棄了熟睡中的公主，加速直航故鄉雅典城。

忒修斯走得匆促，完全忘了與父親的約定；埃勾斯國王癡癡站在海崖眺望，見到送葬船依舊綁著出發前的黑帆，那迎風飄揚的小小黑帆像晴天霹靂的罩頂烏雲，國王爸爸崩潰心碎，生無可戀的他攔也攔不住，當場衝向懸崖跳海自盡。後世為紀念「埃勾斯」(Aegeus)，便以其名將這片海洋命名為「愛琴海」(Aegaeus)。

忒修斯一上岸就直奔雅典皇宮，迫不及待向父親報告好消息，卻懊悔發現由於自己疏忽而造成父親自盡的悲劇……。哀傷的忒修斯繼承了雅典王位，他擔任國王期間，致力於一系列政治和軍事改革，帶領雅典成為古希臘最強大的城邦之一。

當然啦，他在忙碌治理國家的同時，仍不忘繼續參加其他冒險旅程，例如與亞馬遜女戰士交戰（順便與亞馬遜女王談戀愛）、與大力神海克力士組成英雄聯盟攜手冒險，甚至在悲劇之王伊底帕斯被逐出底比斯城後，對這位失明老人施予溫暖援手，種種有膽有種兼有情有義的作為，使他在希臘神話留下無數精彩的篇章！

阿麗雅德妮之線

認真回顧整起事件，忒修斯之所以能逃出生天，最大功臣就是阿麗雅德妮公主！她為忒修斯準備的金線球，成為忒修斯痛宰怪物後順利逃離迷宮的重要關鍵。因為這則神話故事，邏輯學、哲學和科學上有個專有名詞「阿麗雅德妮之線」(Ariadne's thread)，用來表示解決複雜問題或梳理混亂情況的一種方法——當人們面對難解問題，找到一根「阿麗雅德妮之線」，意味找到可以「循線」解答的關鍵線索。

阿麗雅德妮公主如此關鍵，卻被負心漢半路丟包在陌生小島，就讓我們來說說這位可憐公主的後續——公主醒來後驚覺四下無人，連忙跑到船隻停泊的海岸，卻發現忒修斯早已頭也不回地離開，距離遠到就算公主立刻跳海游泳也追趕不上。公主無望地跪倒岸邊，想著自己為了阿娜答忒修斯背叛整個家族，甚至不顧一切與他私奔，如今卻換來被拋棄的命運，她有眼識英雄卻無眼識渣男，不禁悲從中來哭得梨花帶淚。

突然，身後傳來敲鑼號角的喧譁聲，引領熱鬧隊伍的英俊男子發現了公主，立刻對她噓寒問暖表情意，這位亂獻殷勤的男子正是大名鼎鼎的酒神戴奧尼索斯（Dionysus）！公主心頭一驚，這位男子有點帥，愛情來得如此快，至於公主與酒神的後續發展又是另篇愛情故事了！（詳情請見《乖，你聽畫：希臘羅馬眾神篇》〈半路撿來的可愛新娘〉）

藝術主題——忒修斯與阿麗雅德妮

公主與王子的愛情不是永遠有個美滿結局，例如阿麗雅德妮與忒修斯這對就是。當藝術家以他倆為創作靈感，多描繪少女主動做球給心儀的少年，可惜球都親手交到人家手中了，偏偏少年只接金球不接真心，讓阿麗雅德妮在藝術史上留下芳心錯付的場景。欣賞藝術品時，掌握以下關鍵線索，即能辨識此藝術主題。

✦4個關鍵線索

(1) 主要人物1：阿麗雅德妮，衣著華麗的少女，正將一團球遞到少年手中

(2) 主要人物2：忒修斯，手執長劍或木棒的少年，接過少女遞過來的球

(3) 識別物件：兩位主要人物手中的一團金線球

(4) 畫面場景：深夜的宮殿、迷宮入口處

十八世紀德國畫家蘇蘭特主要以肖像畫和神話歷史畫聞名，代表作〈忒修斯和阿麗雅德妮〉對於細節的描繪，傳達他對這則故事的解讀。

忒修斯將木棒甩在肩後，即便裸體也會戴好頭盔、穿好披風的造型是古希臘羅馬流傳下來的英雄形象（想想戰神阿瑞斯、想想斬妖專家柏修斯……），手中接過公主遞來的線球；阿麗雅德妮遞出線球，親切指導線球的使用方式，展現她在故事中的關鍵作用。

兩位主角位處畫面中心，而同行的少年少女活祭品躲在山坡後方，個個露出驚恐無助的表情，襯托忒修斯的從容鎮定；畫面遠景海洋停泊著雅典送葬船，完整了畫家對於故事的圖像敘事。

蘇蘭特為畫面添加一位未曾出現於故事的角色「小愛神邱比特」，因而將畫作主題定調為「愛情」。然而，邱比特拉扯忒修斯的披風往幽暗山谷前進，從左下角陰暗處依稀可見的骷髏頭，判斷那是因禁牛頭怪的迷宮入口處。在畫家身處的年代，可能是透過「愛情」與「危險」兩者意象的疊加，傳達二人面對挑戰的「患難見真情」。

但若依個人淺見（依然沒人想知道），今日或許還有另個解讀方向：心理學「吊橋效應」——忒修斯在生死存亡之際，將高度緊張而心臟怦怦跳的生理狀況，誤認為愛上阿麗雅德妮而心兒怦怦跳的戀愛情緒——這或許足以解釋忒修斯明明回應公主的愛情，承諾帶她遠走高飛，卻在途中將她輕易拋棄，因為這種美麗錯誤的愛情，總是來得快去得更快。

〈忒修斯與阿麗雅德妮〉(*Theseus and Ariadne*)，蘇蘭特（Rudolph Suhrlandt，1781~1862 年），繪於 1811 年，藏於德國柏林市立畫廊

➔ 英雄不怕出身低，就讓公主我救你。

〈忒修斯與阿麗雅德妮〉(*Theseus and Ariadne*)，斯特雷克（Willem Strijcker，1602～1673/1680 年），繪於 1657 年，藏於荷蘭阿姆斯特丹王宮

← 打怪成功帶我走，天涯海角隨你去！

〈迷宮入口的忒修斯與阿麗雅德妮〉(*Theseus and Ariadne at the Entrance of the Labyrinth*)，韋斯托爾（Richard Westall，1765～1836 年），約繪於 1810 年，藏於英國北林肯郡博物館

怪物檔案

牛頭怪米諾陶

忒修斯成功擊殺牛頭怪米諾陶，使他自此以「雅典英雄」之名行走江湖，而關於米諾陶的誕生，其實來自一件驚世駭俗的皇室醜聞——

話說當年克里特國王米諾斯❶與親兄弟爭奪王位時，祈求海王波賽頓賜予他一頭純

❶ 克里特國王米諾斯為宙斯與歐羅巴的兒子，是位正義的立法者，死後成為冥界的判官。近代學者梳理神話族譜時，認為米諾斯國王在牛頭怪米諾陶事件所展現的殘酷形象，與立法者的正義形象不符合，認為這位米諾斯是前者的兒子或孫子，為作區分而稱呼他為「米諾斯二世」。然而，在多數古代文獻中，他們通常指稱為同一位國王。

白公牛，用以證明自己神授王位的正統性，他亦發誓會宰殺這頭純白公牛，獻祭給海王以示崇敬。順道一提，米諾斯的父親是神王宙斯、母親是歐羅巴公主(Europa)，宙斯當年變形成白公牛將公主誘拐至克里特島生下米諾斯三兄弟，因此「白色公牛」可說是意義非凡！（詳情請見《乖，你聽畫：希臘羅馬眾神篇》〈宙斯濫情史之為愛大變身——歐羅巴的掠奪〉）

海王回應米諾斯的請求，從海洋升起一頭漂亮的白色公牛，使米諾斯成功取得克里特島的王位。然而，當米諾斯要依約為海王獻祭白公牛時，他卻臨時反悔喊卡，眼前這頭純白公牛太美了，美得令他捨不得傷害牠，只好改為獻祭另一頭沒這麼美的白色公牛給海王。

拜託～人家海王波賽頓可是海中霸主，神界地位僅次於神王宙斯，區區米諾斯竟敢唬弄堂堂海王！憤怒的海王這次不是派出大海怪刻托斯淹沒國家，而是施展更惡毒的詛咒——既然米諾斯這麼愛惜這頭公牛，那我就詛咒你的妻子帕西菲伊王后(Pasiphae)也愛上這頭公牛！

海王的詛咒可沒這麼單純，他讓倒楣的帕西菲伊王后愛到失去理智，甚至鬼迷心竅去拜託代達羅斯幫她色誘「牛郎」。王后指派的任務令代達羅斯相當驚嚇，但王室金援是他的收入來源，創新需求是對他的技術挑戰，他利益擺中間道義放兩邊，腦洞大開打造一座等身大的木製空心母牛，讓王后躲進這座假牛裡。這座逼真的假母牛成功吸引了白公牛的性趣，王后也如願和牛郎發生毀三觀的人獸交，但誰都沒料到的是，王后之後竟生下了毀三觀的半牛半人怪物米諾陶！（在此鄭重發誓此故事取自希臘神話，非本人腦洞大開亂瞎掰，腦洞大開的只有代達羅斯。）

米諾陶在牛寶寶時期，即顯露嗜吃人肉的凶暴天性，但米諾斯國王忌憚殺死牠會招致海王更大的神怒，為了隱藏這件皇室醜聞，他下令代達羅斯建造一座無人能逃的巨大迷宮來關押米諾陶。代達羅斯窮盡畢生所學，以錯綜廊道組成的複雜迷宮，就連建築師本人進去也不一定走得出來。國王將米諾陶囚禁於迷宮，定期將犯人和雅典進貢的活祭品丟進迷宮餵食米諾陶。

對克里特王室而言，米諾陶的存在是不得不接受的懲罰，或許忒修斯擊殺米諾陶，也算是解決了王室的燙手山芋（更何況忒修斯疑似海王之子，這下海王也無話可說吧！）。至於對米諾陶來說，牠的出生就是一場可怕詛咒，一輩子苟活迷宮找不到出路，最後被陌生男子暴打致死也全無人可憐，無論站在人文關懷或動物倫理的角度，怎麼想都是牛生艱難啊！

米諾陶的怪物特徵

希臘神話怪物米諾陶，名字由兩個古希臘語組成：米諾斯（Minos）＋公牛（tauros），因此米諾陶的名字意味著「米諾斯的牛」，其形象是半牛半人的怪物。可能因為是牛頭人身，而非人頭牛身，對牛彈琴難溝通，因此米諾陶通常象徵著野性、暴力和非理性，代表人類內心的原始衝動和黑暗面。

歷來藝術家多以兩種形式描繪米諾陶，一是作為強大凶猛的怪物現身，二是描繪牠被忒修斯打趴的戰鬥場景，兩種形式均著重於展現牠突出的牛頭和強壯的肌肉。到了二十世紀的現代藝術，藝術家對米諾陶的詮釋更加多元，例如西班牙藝術大師畢卡索（Pablo Ruiz Picasso，一八八一～一九七三年）曾將米諾陶視為另一個自我，象徵著混合淫蕩、暴力、內疚和絕望的內心怪物，反覆出現於他個人動盪期的作品，以此傳遞他的複雜情緒。

➔ 古希臘陶製酒杯底圖，約作於西元前 515 年，藏於西班牙國家考古博物館

← 〈米諾陶〉(*The Minotaur*)，沃茨 (George Frederic Watts，1817～1904 年)，繪於 1885 年，藏於英國泰特藝術館

➔〈迷宮中的忒修斯和米諾陶〉(*Theseus and the Minotaur in the Labyrinth*)，伯恩－瓊斯（Edward Burne-Jones，1833～1898年），繪於1861年，藏於英國伯明罕博物館和美術館

🡐 米諾陶不可動搖的特徵是「牛頭人身」，但偶爾會出現似乎是來亂的畫家。

〈忒修斯殺死米諾陶〉(*Theseus Killing the Minotaur*)，奇馬．達．科內利亞諾（Cima da Conegliano，1459～1517年），繪於1505年，藏於義大利波爾迪．佩佐利博物館

絕命迷宮大逃亡之鳥人逐日

——伊卡洛斯的墜落

忒修斯宰殺牛頭怪的冒險故事，前因後果都圍繞著「代達羅斯」——他為克里特王室家族工作，除了打造腦洞大開的空心母牛、建造超級複雜的巨大迷宮，還洩漏破解迷宮的方法。整起事件似乎與代達羅斯脫不了關係，他究竟是何方神聖呢？

代達羅斯其實出生雅典王室，擁有超群的工匠技術和藝術才華，在智慧女神兼手工藝女神雅典娜守護的雅典城，成為最頂尖的建築師和發明家。代達羅斯的鼎盛名聲傳遍希臘全境，想跟隨他學習的工匠蜂擁而至，其中又以他的姪子柏底斯（Perdix，又說是塔洛斯 Talos）最具才能，他發明鋸子和圓規用以優化木工技術，因此被眾人認為是代達羅斯的接班人。

可惜的是，代達羅斯卻不這麼認為，他無法忍受競爭對手的出現，嫉妒姪子兼弟子柏底斯的發明才華。某日，代達羅斯趁柏底斯不留意，將他從高塔頂端推下樓，柏底斯當場氣絕身亡，而代達羅斯也因蓄意殺人罪被驅逐出雅典城。

被放逐的代達羅斯來到克里特島，即便人品道德不佳，但憑藉頂尖建築師的響亮名號，依然得到克里特國王米諾斯的錄用，委託他進行各種公共建設，代達羅斯也因此能繼續突破自己的工藝極限。

然而，克里特王室之後遭遇驚世駭俗的皇室醜聞，以及發生迷宮被破解、牛頭怪米諾陶被殺害、阿麗雅德妮公主失蹤等事故，種種跡象顯示與這批被獻祭的雅典人有關。米諾斯國王反應迅速，即刻下令監控所有離島船隻，並將原籍雅典的代達羅斯和他的兒子伊卡洛斯 (Icarus) 關進迷宮。

代達羅斯雖是迷宮建築師，卻因迷宮太過複雜而無法逃脫（大概是匆忙被捕，忘記帶金線球了吧！），但他可不想乖乖坐著等死，米諾斯國王封鎖了海洋和陸地，卻無法封閉廣大自由的天空！為了逃出迷宮，代達羅斯繼續腦洞大開展現前所未見的工藝技術，他在迷宮四處尋找可用的物資，將蒐集到的一根根羽毛順序排列，再用融化的熱蠟黏合固定，最後製作出兩副可以飛行的翅膀。

飛行羽翼完成的那天，就是展翅高飛的時刻，代達羅斯將翅膀牢牢固定在兒子伊卡洛斯身上，並嚴肅告誡他：「我兒~切記不要飛得太低，因為海洋水氣會阻礙翅膀；但也不要飛得太高，否則陽光高溫會融化翅膀。緊緊跟著爸爸就對了！」說完，父子倆從迷宮高塔一躍而下，展開人類首次飛行的偉大之夢，他們如優雅的鳥兒般拍拍翅膀飛向宇宙浩瀚無垠！

年輕的伊卡洛斯太興奮了，那廣闊的藍天是這麼迷人、自由的空氣是如此新鮮，他完全忘記父親的叮嚀，也忘記他們此刻正在亡命越獄。熊孩子伊卡洛斯覺得自己彷彿是神，亟欲知道太陽有多高，居然情不自禁越飛越高，完全忽略父親的耳提面命，也渾然不知太陽高熱正漸漸融化黏合飛行翼的蠟。

下一刻，伊卡洛斯便在「啊啊啊啊啊～」慘叫聲中，從天空墜落到愛琴海摔死了。代達羅斯回頭目睹此景，卻來不及拯救自己的兒子，只能流著淚水，繼續揮動翅膀向前飛行。獨自脫困的代達羅斯後來找到兒子的遺體，帶著悲痛與悔恨為他舉行葬禮，隨後退隱到西西里島的卡米庫斯城 (Camicus)。

卡米庫斯國王仰慕代達羅斯的才華，張開雙臂歡迎這位亡命之徒。代達羅斯在島上教授建築和工藝技巧，還為阿波羅建造一座神廟，將那對飛行羽翼作為獻給光明神的祭品，一方面是紀念年輕早夭的伊卡洛斯，一方面是警惕自己的所作所為，此後鬱鬱寡歡在西西里島度過了餘生。

鳥人飛行大賽

伊卡洛斯是「爬得越高，摔得越重」的典型悲劇人物，他飛得很高，最後以墜落的死亡作為代價。此則神話蘊含濃厚的說教意味，警告人類不可驕傲自大，切勿妄想超越神祇或大自然的力量，隨便跨越人神分際將會受到嚴重懲罰。（想想荒謬男子薛西弗斯、再想想醫神阿斯克勒庇俄斯的結局就懂了！）

即便如此，我們仍難以忽視伊卡洛斯那探索天地的勇敢精神，就算失敗仍是一名冒險英雄，而他披上的人工翅膀，可說是人類飛行之夢的原型，啟發人們飛向嚮往已久的湛藍天空。

今日，飛行器的發明已帶我們實現這個夢想，但世上仍有一群狂人不以此滿足——起源於英國的「鳥人大賽」(Birdman Rally)，據說正是為了紀念伊卡洛斯而舉辦的飛行比賽活動。

按照比賽規則，參賽選手需設計並製作「無動力翼型飛行器」，並乘坐飛行器從碼頭高處一躍而下；評審們會根據飛行距離和飛行時間等項目進行綜合評分，總分最高的選手將獲得勝利。鳥人大賽現已擴展為全球規模，除了英國，許多國家也曾舉辦過鳥人大賽。

鳥人大賽吸引大眾關注的地方，在於參賽者是以「創意」為目的，參賽者穿著奇裝異服，飛行器則是千奇百怪：滑翔的漢堡、長翅膀的鋼琴、專程來落海的鐵達尼號（船頭還站著傑克和蘿絲的人偶）……比起飛多遠，大家更關注飛行器夠不夠酷炫搞笑？結果到後來，連伊卡洛斯都搞不清楚這項活動到底是紀念他，或是在取笑他了？

藝術主題——伊卡洛斯的墜落

「伊卡洛斯的墜落」是西方藝文廣泛流傳的主題，許多創作者以此悲劇為靈感，創作關於這位鳥人的鳥作品，類型包含「代達羅斯為伊卡洛斯穿戴翅膀」、「伊卡洛斯的飛行」、「伊卡洛斯的墜落」。欣賞藝術品時，掌握以下關鍵線索，即能辨識此藝術主題。

3個關鍵線索

(1) 主要人物1：伊卡洛斯，背上穿戴羽毛翅膀的年輕男子，造型像從天而降的天使，但其實是即將落海死亡的鳥人

(2) 主要人物2：代達羅斯，要不幫伊卡洛斯穿戴羽毛翅膀，要不在飛行時看顧伊卡洛斯，是位操煩囡仔的老爹

(3) 畫面場景：落海前是豔陽高照的天空、落海後是風平浪靜的海岸

伊卡洛斯從天而降墜落大海，當老爹代達羅斯尋獲兒子遺體時已支離破碎，鮮少畫家選擇以死亡的伊卡洛斯作為繪畫題材，但英國維多利亞時期的新古典主義畫家德拉佩爾不一樣，〈伊卡洛斯的哀歌〉不以教化為目的，而在美化伊卡洛斯的死亡——在畫家心目中，伊卡洛斯逐日飛行而犧牲生命，那份勇敢探究天高地厚的精神，或許是件很浪漫的事吧！

墜落大海的伊卡洛斯仰面躺在海岸，優美的軀幹線條展示畫家對人體的精細觀察；被紫外線曝晒的古銅色肌膚，美麗得令人忘記他是一具沒有呼吸的屍體。巨大羽翼幾乎布滿畫面，照理來說羽翼早已分離四散，但為了圖像敘事和畫面美感，畫家仍保留完整的羽翼，只是原本潔白的翅膀也被炙熱豔陽烤焦，形成柔和的棕褐漸層色。

三位美麗的海洋寧芙圍繞著伊卡洛斯，她們憐憫地望著他，哀悼早逝的青春年華。一片嘆息中，太陽即將西下，落日餘暉籠罩平靜海洋，畫面充滿唯美的悲傷氛圍，不著痕跡地傳達出生命消逝的主題。

德拉佩爾的繪畫主題多關注古希臘神話和歷史事件，通過對人物的細緻描繪和豐富想像，讓觀畫者重新思考神話故事蘊含的人性與命運。〈伊卡洛斯的哀歌〉於一九〇〇年在法國巴黎舉辦的世界博覽會獲得金獎，成為畫家最著名和受歡迎的作品之一。

〈伊卡洛斯的哀歌〉(*The Lament for Icarus*)，德拉佩爾（Herbert James Draper，1863～1920 年），繪於 1898 年，藏於英國泰特藝術館

兒子啊～老爸來不及幫翅膀加裝迴轉裝置，只能繼續向前飛了！

〈伊卡洛斯的墜落〉(*The Fall of Icarus*)，高維（Jacob Peter Gowy，約 1615～1661 年），繪於 1635～1637 年，藏於西班牙普拉多博物館

畫家將墜海的伊卡洛斯置於右下小角落，突顯在寧靜的大自然中，個人的悲劇是如此脆弱渺小。

〈伊卡洛斯墜落的風景〉(*Landscape with the Fall of Icarus*)，老布勒哲爾（Pieter Brueghel the Elder，1526/1530～1569 年），約繪於 1558 年，藏於比利時皇家美術博物館

Chapter

11

奧德賽英雄——奧德修斯

Odysseus

大海迷航記之巨人詛咒

——奧德修斯與波呂斐摩斯

傳說中的奧德修斯（Odysseus）是古希臘伊塔卡（Ithaca）國王，被公認為聰明狡猾的謀略家，能憑藉機智解決各種難關。西洋文學奠基之作的荷馬史詩《奧德賽》（*Odyssey*）以奧德修斯為主角，描述他在特洛伊戰爭結束後返鄉，卻漂泊於茫茫大海，最終返家與親人團聚的歷劫故事。奧德修斯迷航十年屢遭凶險，本章挑選他海海人生最常被藝術家取材的兩則故事。

希臘神話最知名戰役「特洛伊戰爭」，起因於特洛伊王子帕里斯(Paris)誘拐「人間第一美」希臘斯巴達王后海倫(Helen)，以致希臘聯軍對特洛伊城發動搶奪嬌妻大作戰（此為簡易版說法，複雜成因以下省略一千字）。戰爭一打就是十年，特洛伊城仍固若金湯，作為希臘聯軍軍師的奧德修斯，遵照智慧女神雅典娜的指示執行木馬屠城計，居然一夜攻下特洛伊城，結束了這場漫長戰爭。（關於海倫的離奇出生，詳情請見《乖，你聽畫：希臘羅馬眾神篇》〈宙斯濫情史之為愛大變身——麗達與天鵝〉。）

特洛伊戰爭結束，奧德修斯整頓自家士兵，揚帆啟程返回伊塔卡國，當年離鄉時兒子才剛出生，現在想必是個小壯丁吧！奧德修斯忍不住笑意，迫不及待想回家擁抱自己的妻兒。

令人懷念的故鄉伊塔卡即將出現在大海另一端，全體士兵歡欣不已，忽然一陣奇怪的濃霧襲來，海面瞬間颳起強烈的暴風雨，將奧德修斯和他的十二艘船隊吹離了航道。昏天暗地的暴風雨持續多日，奧德修斯的船隊完全迷失了方向，到了第十天，船隊漂泊到一座陌生的島嶼。

士兵們飢渴交迫，發現島上竟有成群的野山羊，趕緊登島捕捉羊隻作為補給食物；奧德修斯見遠處傳來陣陣炊煙，好奇島上居民為何人，便帶領十二名同伴深入島嶼探險。

奧德修斯一夥人發現臨海處有座無人山洞，洞裡擺放數桶羊奶和乳酪，以及一群山羊和綿羊。大夥兒如獲至寶，毫不客氣地想搬走這些食物，但奧德修斯不願不告而取，堅持等待山洞主人回來。就在此時，「碰—碰—碰—」的巨大腳步聲震動整座山洞，一位臉孔只長著一隻眼睛的巨人走進洞裡，他是山洞主人波呂斐摩斯 (Polyphemus)，這座島嶼正是獨眼巨人族的居住地。

波呂斐摩斯趕羊入洞，滾動巨石堵住洞口，點開火把後發現家中出現一群陌生人，他用額頭那隻大眼睛瞪視這些不速之客。眾人從未看過如此恐怖的龐大生物，全都驚恐的瑟縮角落，只有奧德修斯硬著頭皮站出來向獨眼巨人說明來意，請求巨人贈予食物和飲和用水幫助他們度過船難。波呂斐摩斯根本不甩這群小小人類的遭遇，只把他們當作自動送上門的新鮮食物，直接抓起兩名同伴往岩石摔去，再張口將他倆吞吃入腹，吃完倒頭呼呼大睡，一氣呵成的流暢動作嚇壞眾人！奧德修斯是全場唯一鎮定的人，他本想斬殺沉睡的巨人，但考慮到山洞口被巨石封死，巨人一死就無人能推開石塊，只得另謀逃生計畫。

隔天早上波呂斐摩斯醒來，燒開火爐並擠取羊乳，再度吃下兩名同伴當作營養早餐，便打開山洞放羊外出吃草，離開前不忘用巨石堵住洞口，將眾人關押在山洞內。奧德修斯原本來找儲備糧食，如今卻變成獨眼巨人的儲備糧食，但坐以待斃不是他的風格，機智的他昨晚已想好對策，因此巨人一離開山洞，他馬上召集同伴將洞內一根粗壯的橄欖木樁削尖，並用火爐將木樁尖端烤硬，這本是巨人製作手杖的木材，就這麼被他們偷偷改造成武器。

傍晚時分波呂斐摩斯照樣趕羊入洞，照樣吞下兩名同伴當作美味晚餐（怎麼抓都抓不到奧德修斯，果然是相當機智呢！）。奧德修斯見他吃飽，再度站出來向獨眼巨人搭話，這次他拿出隨身攜帶的一袋美酒招待巨人。酒精果然是交友好物，三杯黃湯下肚，波呂斐摩斯飄飄然的詢問奧德修斯的名字，奧德修斯稱呼自己是「梅友仁」，波呂斐摩斯調笑說為了答謝他的美酒，會把梅友仁留到最後一個吃掉，說完就醉醺醺地睡著了。

奧德修斯見巨人酒醉，指揮眾人將事先準備好的橄欖木取出，以火爐燒紅木樁尖端，接著不手軟用力刺進巨人的獨眼。波呂斐摩斯被劇痛驚醒，大聲呼救他的巨人同伴：「梅友仁要殺我！梅友仁要殺我！」山洞外的巨人同伴們聽到是「沒有人」，以為波呂斐摩斯半夜發神經開玩笑，因此沒把他的咆哮當作一回事。

被刺瞎的獨眼巨人（現在要改叫盲眼巨人）摸索著推開巨石，站在洞口張開手臂，想趁人類衝出山洞時補捉他們。奧德修斯當然也有對策，待天一亮，獨眼巨人照慣例放羊外出吃草（就算眼睛爆痛，依然堅持紀律生活），巨人守在洞口撫摸每隻羊的背部，確保人類沒有騎羊逃跑，但奧德修斯早就將自己和剩餘同伴綁在羊隻腹部，順利避開巨人的徒手檢查而順利脫困。

奧德修斯連滾帶爬衝回船隊，還不忘把獨眼巨人的羊群一起帶走，下令船隊即刻揚帆出海。船隊剛駛離島嶼一小段距離，奧德修斯太過得意忘形，竟忍不住對島上的波呂斐摩斯大聲叫囂：「獨眼巨人！這就是你蔑視人類的下場！刺瞎你的不是梅友仁，刺瞎你的是伊塔卡的奧德修斯！」

被愚弄的波呂斐摩斯循聲衝向大海，盲目地朝船隊用力丟擲巨石，幾乎要砸中奧德修斯的船隻，恐懼的士兵們使盡全力划槳，才勉強逃離獨眼巨人島的海域。波呂斐摩斯跪在岸邊痛苦呻吟，大聲向他的父親海王波賽頓告狀，祈求海王懲罰奧德修斯永遠有家歸不得，即便能返回故鄉，也得先遭遇狼狽不堪的磨難！

奧德修斯驚險逃脫，但他吹噓真名的傲慢舉動，卻為他的未來招致一連串不幸。海王接收波呂斐摩斯的詛咒，懲罰奧德修斯一次次偏離返鄉的航道，只能面對大海一次次拋出的驚險挑戰，讓他在後悔、絕望、迷惘中殘喘度日……。

藝術主題——奧德修斯與波呂斐摩斯

藝術家從《奧德賽》選取創作主題時，相當偏愛「奧德修斯與波呂斐摩斯」這組人物，展現渺小人類面對碩大巨人的壓倒性力量，依然能憑藉智慧戰勝蠻力，因此多描繪「奧德修斯刺瞎獨眼巨人」、「獨眼巨人向船隻拋出大石」兩種戲劇性場景。欣賞藝術品時，掌握以下關鍵線索，即能辨識此藝術主題。

✦ 4個關鍵線索

(1) 主要人物1：波呂斐摩斯，臉孔或額頭長著一隻眼睛的男性巨人

(2) 主要人物2：奧德修斯，獨自面對巨人的男人。奧德修斯常戴著一頂寬邊帽或無邊錐形帽，象徵旅行者的身分

(3) 識別物件：逃亡前是羊群、逃亡後是船隊

(4) 畫面場景：逃亡前是幽暗密閉的山洞、逃亡後是波濤洶湧的大海

十九世紀瑞士象徵主義畫家勃克林，以豐富想像力詮釋古典神話主題，畫作常營造出神祕奇幻的氛圍。〈奧德修斯與波呂斐摩斯〉描繪波呂斐摩斯站在岩岸，使勁舉起一塊岩石作勢甩向船隻，奧德修斯船隻上的水手們也使勁划槳逃離獨眼巨人的攻擊，從巨人拋石的動作與兩方距離，令人感受命在旦夕的危機感。（感覺巨人隨便丟隨便中。）

勃克林對大自然有著敏銳的觀察力，加上接受過風景畫訓練，使得畫面的海洋場景如此自然寫實，比其他同主題繪畫更加逼真——遠洋大浪無情阻撓船隻前進，近海波浪撞擊岩塊濺起無數泡沫，搭配獨眼巨人波呂斐摩斯的出場，相較於傳統傾向展現人類戰勝巨人的理性智慧，勃克林反倒讓人感受由原始暴力所統治的神話世界。

〈奧德修斯與波呂斐摩斯〉(*Odysseus and Polyphemus*)，勃克林（Arnold Böcklin，1827～1901 年），繪於 1896 年，藏於美國波士頓美術館

奧德修斯將同伴們藏在羊腹，躲避獨眼巨人的徒手安檢。

〈奧德修斯在波呂斐摩斯的山洞〉(*Odysseus in th Cave of Polyphemus*)，約爾丹斯（Jacob Jordaens，1593～1678 年），繪於 1630～1635 年，藏於俄羅斯普希金藝術博物館

同伴一一順利溜走，剩下奧德修斯殿後落跑。但從畫面構圖來看，觀畫者就像被他遺留在陰暗山洞裡。（奧德修斯不要走，你忘了帶我一起逃跑啊！）（奧德修斯轉譯拉丁文為尤利西斯）

〈尤利西斯逃離波呂斐摩斯的洞穴〉(*Ulysses Fleeing the Cave of Polyphemus*)，埃克斯伯格（Christoffer Wilhelm Eckersberg，1783～1853 年），繪於 1812 年，藏於美國普林斯頓大學藝術博物館

怪物檔案

獨眼巨人波呂斐摩斯

獨眼巨人波呂斐摩斯是海王波賽頓與海洋寧芙蘇薩(Thoosa)的兒子，他與獨眼巨人兄弟們定居在神祕海島上牧羊，對農業、造船或工藝一無所知；獨眼巨人族沒有律法，不懂希臘人重視的好客精神，因此被描述為原始野蠻的食人巨人。(但老實說，獨眼巨人族待在島上照顧羊咩咩，專精畜牧和酪農業，從不與外界來往的他們到底招誰惹誰?!)

其實，希臘神話的獨眼巨人種族至少分為三組人馬，除了《奧德賽》提及的波呂斐摩斯兄弟們，最早出現的是獨眼巨人三兄弟——阿爾戈斯（Arges，光亮）、勃朗特斯

（Brontes，雷霆）、斯特羅佩斯（Steropes，閃電），他們的父親是原始天空神烏拉諾斯，母親是大地母神蓋亞。獨眼巨人三兄弟擅長製造兵器，他們就像神話版官方軍武製造商，時至神話後期，手靈心巧的他們跑去擔任匠神兼火神赫菲斯托斯的得力助手，共同在埃特納火山的匠神鐵工廠上班，為眾神打造各種神奇的武器和器具，相傳埃特納火山冒煙之時，就是他們正在揮汗打鐵的工作日。

另外一組獨眼巨人是邁錫尼和堤林斯的城牆建造者（斬妖專家柏修斯一族的國家），城牆由粗略切工的巨大石灰岩建造而成，普通人無法將其挪動半分，因此被認為是借助獨眼巨人之力完成，至今在邁錫尼和堤林斯的城牆遺跡中仍可見到，稱為「獨眼石工」或「巨石砌工」（Cyclopean Masonry）。這組獨眼巨人的來歷莫衷一是，但他們與獨眼巨人三兄弟一樣生活在原始時代，都是具有超自然技能的工匠。

獨眼巨人族被視為野蠻與力量的化身，但他們無論是畜牧專門戶、軍武製造商或造牆建築師，都是擁有一技之長的勞動者，奉勸各位若看到他們還是盡量閃遠一點，但一邊往後退的同時，請記得對這些職人表達尊重和敬意！

獨眼巨人的怪物特徵

獨眼巨人（Cyclopes，原意為「圓眼」）的形象特徵，顧名思義就是臉上長有一隻大大圓圓的眼睛，這隻眼睛有說在前額中間，或說在眉毛下方，但無論位置在哪，這隻四面盾牌大的圓眼睛都會看得你心裡發寒。

➔ 斜倚拿酒碗的波呂斐摩斯陶俑，作於西元前五世紀末至前四世紀初，藏於美國波士頓美術館

← 〈波呂斐摩斯〉(*Polyphemus*)，羅曼諾（Giulio Romano，1499～1546 年），繪於 1526～1528 年，藏於義大利得特宮

➔〈獨眼巨人〉(*The Cyclops*)，魯東（Odilon Redon，1840～1916年），約繪於1914年，藏於荷蘭克勒勒-米勒博物館

←〈波呂斐摩斯〉(*Polyphemus*)，圭多·雷尼（Guido Reni，1575～1642年），約繪於1639～1640年，藏於義大利羅馬卡比托利歐博物館

大海迷航記之美聲魅影

——奧德修斯與賽蓮女妖

奧德修斯船隊逃離獨眼巨人島後，漂移到一座被堅固銅牆環繞的浮動島嶼，浮動島的島主是風神之王艾俄洛斯（Aeolus），他與妻子和成群兒女在島上過著與世隔絕的田園生活。

風王好奇盤問奧德修斯的來歷，奧德修斯向他講述特洛伊戰爭以來的驚險遭遇，風王全家聽得興味十足，熱情款待奧德修斯全隊人馬月餘之久。當奧德修斯準備告辭時，風王贈予奧德修斯一只緊繫銀繩的皮袋，這只皮袋收束各路狂風，使阻礙航行的狂風不得恣意吹動，唯獨下令溫和的西風助他歸返。

得到風王的大力協助，船隊再度駛向正確的返鄉航道。奧德修斯連續十天親自掌舵，終於瞭望到遠方的故鄉伊塔卡，他放鬆緊繃的神經，忍不住打起了瞌睡。但是，神助攻卻輸給豬隊友，奧德修斯的手下懷疑風王贈予的皮袋裝滿黃金財寶，趁著奧德修斯打盹，悄悄打開皮袋想偷走寶物，沒料到袋內狂風瞬間吹散開來，導致船隊快速偏離航道，被驚醒的奧德修斯來不及阻止，只能絕望地任由船隊漂向他方。

船隊被狂風颳回風王的浮動島嶼（原來狂風們要回家找主人），奧德修斯只好再次上岸懇求風王的幫助。風王看到奧德修斯心頭一驚，認定此人必是遭到神明天譴，原本親切的他翻臉無情，迅速將奧德修斯驅逐出境。

沒有風王的幫助，船隊嚴重偏離返鄉航道，甚至在茫茫大海中失去方向，進入非人世界的妖魔之海——船隊首先來到食人巨人族的島嶼，巨人以石頭砸毀十一艘船艦，吃掉所有落海的士兵，只剩奧德修斯的船隻倖免於難。這次劫難大幅折損兵力，但奧德修斯也只能強忍悲傷繼續航行。

幾日後，船隻來到女巫喀耳刻（Circe）的島嶼，先行探路的同伴們被女巫下藥變成胖豬，奧德修斯雖成功解救同伴，卻被愛上他的女巫纏住，強行滯留在女巫島整整一年。待在女巫島的這段日子，奧德修斯其實過著茶來伸手飯來張口的爽日子，直到同伴催促他趕快返回故鄉（同伴們大概沒有過著爽日子），他才向女巫提出想離開的願望。喀耳刻瀟灑答應不留人，並預告奧德修斯接下來將遇到的難纏怪物：世界級美聲天團「賽蓮女妖」。

賽蓮女妖以甜美歌聲誘惑進入她們海域的水手，一旦船隻循聲而來，便會撞上環繞小島的尖石，這時海妖會一擁而上捕捉人類，將其生吞活剝吃乾抹淨，因此賽蓮島上白骨遍野，是水手避之唯恐不及的恐怖海域。奧德修斯在女巫的指點下，事先以軟蠟塞住同伴們的耳朵，以免眾人被歌聲蠱惑心智，但他十分好奇海妖的天籟美聲，下令同伴將他緊緊綑綁在桅杆上，之後無論他如何哀號乞求，都不能將他鬆綁。

時隔一年，奧德修斯僅剩的一艘船重新揚帆於這片妖魔之海，他們果然如女巫所預告，經過了賽蓮女妖島的不祥海域。無聲大海突然傳來少女的陣陣歌聲，那嗓音是如此甜蜜動情，令人彷彿陷入戀愛，但耳朵塞入軟蠟的同伴們置若罔聞，只有奧德修斯一臉神魂蕩漾的聽著少女們的溫柔歌聲：「偉大的奧德修斯~請到這兒來！我們會告訴你想知道的任何事~請到這兒來！」奧德修斯理智全無，中邪般用力掙脫繩索想衝向大海，同伴們見他被海妖聲控，一半同伴用力拉緊繩索，一半同伴用力划動船槳，全船終於用力通過了賽蓮女妖的海域。

這只是離開女巫島後的第一道試煉，船隻接著穿越六妖獸斯庫拉 (Scylla) 和漩渦怪物卡律布狄斯 (Charybdis) 夾擊的海道，奧德修斯再次犧牲了六名同伴；他們後來在特里那喀亞島 (Thrinacia) 宰殺太陽神赫利俄斯的神牛，遭到神王宙斯劈下的雷電擊毀船隻，導致剩餘同伴們落海淹死，僅剩奧德修斯一人存活。

倖存的奧德修斯漂流到海洋寧芙卡呂普索 (Calypso) 的小島，遭到戀愛腦的海洋寧芙軟禁在島上長達七年，直到英雄保護者智慧女神雅典娜看不下去，請求宙斯下令卡呂普索放人，才讓奧德修斯擺脫癡情女的死纏爛打。

正如獨眼巨人的恨意詛咒，奧德修斯的返鄉之旅狼狽不堪，當年十二艘船隊從特洛伊城出發，如今淪落至孤身一人面對大海的無情懲罰（其實真正的豬隊友應該是一人拖垮全隊的奧德修斯）。奧德修斯幾經波折，最終在迷航之旅的第十年踏上故鄉，但即便返回家園，等著他的還有棘手的大麻煩。好在《奧德賽》給了這位流浪漢男主角一個快樂結局，奧德修斯與心愛妻子與寶貝兒子相認（老爸十年打仗十年流浪，兒子都二十歲了），剷除掉覬覦國王寶座的無賴們，重申他作為伊塔卡國王的合法地位，使他浪跡天涯海角的一生有了圓滿結局。（巨人詛咒怨念太強，奧德修斯餘生大概不會再靠近海邊吧！）

英雄回歸

海王波賽頓降下懲罰，迫使奧德修斯返鄉之旅歷盡滄桑，十年迷航猶如跳島闖關遊戲，雖然關關難過關關過，但隔壁棚《航海王》草帽魯夫是越闖越強大，《奧德賽》奧德修斯卻越闖越虛弱；草帽魯夫一路招兵買馬，奧德修斯卻是一路耗損人馬，最後剩下他獨自一人。

奧德修斯重重受阻的返鄉故事，形成古希臘文學的重要主題"Nostos"，古希臘語意為「回歸／返鄉」，指英雄經歷一系列冒險後返回故鄉。返鄉不僅是肉體的回歸，還著重於歷險後的精神提升，被認為是高度的英雄主義，至今成為許多小說或影視創作的主題，只不過故事背景變成漫遊星際、穿梭異世界等場域。

英雄回歸常伴隨對故土的懷念、對親人的思念、對熟悉環境的渴望等情感，體現人們對於歸屬感的嚮往和追求，因此延伸出英文單字"nostalgia"，代表的正是「懷舊情懷」。

奧德修斯一心歸家，目標明確卻始終到不了岸，漂泊大海的苦悶日子、不知何時降臨的恐怖海難，加以沿途的迷失誘惑（十年流浪，其中一年停留女巫島、七年定居海洋寧芙島，果然英雄難過美人關啊！），即便是堅強英雄也難免對未來感到迷惘，奧德修斯也曾動過自殺的念頭，但對妻兒的深切思念，以及面對挑戰的坦然勇氣，成為他繼續堅持下去的支柱，當他徬徨看著漫無邊際的大海，或許會高歌一曲五月天〈人生海海〉激勵自己吧！

藝術主題——奧德修斯與賽蓮女妖

跳島旅遊的奧德修斯被迫與非人種族交流，除了獨眼巨人波呂斐摩斯，另一組令人好奇的種族就屬美聲天團「賽蓮女妖」。《奧德賽》並未描述海妖的具體形象，但歷來將其視作人加鳥加魚的女性混種生物，充滿感官誘惑的形象使她們成為藝術創作的寵兒。

藝術家描繪奧德修斯穿越海妖領海，船隻反倒成為陪襯，多聚焦於賽蓮女妖的肢體動作，無論她們在海邊歌唱或攀爬上船，都盡可能展現其撩人魅力。欣賞藝術品時，掌握以下關鍵線索，即能辨識此藝術主題。

✦ 3個關鍵線索

(1) 主要人物1：賽蓮女妖，「人頭鳥身」或「人身魚尾」女性混種生物，正在騷擾航行船隻

(2) 主要人物2：奧德修斯的船隻，船上載滿奮力划槳的男人們，正在驚恐逃離賽蓮女妖的騷擾

(3) 畫面場景：海洋場景，偶爾是遍地白骨的海灘

十九世紀英國新古典主義與前拉斐爾派畫家瓦特豪斯，以描繪古典神話與民間傳說的女性人物而聞名於世。〈尤利西斯與賽蓮女妖〉（奧德修斯轉譯拉丁文為尤利西斯）

描繪賽蓮女妖試圖以迷人歌聲，引誘船隻前往她們的致命海域；全體船員頭裹布巾隔絕海妖歌聲，唯獨想要聆聽歌聲的奧德修斯被綁在桅杆上。

此畫於一八九一年首次在英國皇家藝術學院展出，因高度想像力的表現而廣受好評，只是大眾對於畫中「賽蓮女妖」的外貌有不少爭議。當時普遍印象的海妖是猶如仙女般漂亮的美人魚，畫中海妖的面孔與妝髮雖各有風情，但半人鳥的生物造型卻與觀眾既定印象不同，主因是瓦特豪斯為了更接近原始故事，特別至大英博物館取材，參考古希臘陶瓶繪製的賽蓮女妖圖像，因而出現這款令觀眾大吃一驚的混種生物。

〈尤利西斯與賽蓮女妖〉(*Ulysses and the Sirens*)，瓦特豪斯（John William Waterhouse，1849～1917 年），約繪於 1891 年，藏於澳洲維多利亞國立美術館

偉大的奧德修斯～走過路過不要錯過～我們會告訴你想知道的任何事！

〈賽蓮女妖與尤利西斯〉(*The Sirens and Ulysses*)，威廉．埃蒂（William Etty，1787～1849 年），約繪於 1837 年，藏於英國曼徹斯特美術館

偉大的奧德修斯～你不過來，我們自己來告訴你想知道的任何事！（其實賽蓮女妖根本不知道任何事，純粹詐騙集團話術。）

〈尤利西斯與賽蓮女妖〉(*Ulysses and the Sirens*)，德拉佩爾（Herbert James Draper，1863～1920 年），約繪於 1909 年，藏於英國費倫斯美術館

怪物檔案

美人魚賽蓮女妖

賽蓮女妖 (Siren) 是一組海妖女子團體，團員從二至八位不等（優質團員招募中），個個是擁有甜美嗓音的專業歌手，哼唱迷惑人心的優美旋律，引誘航海水手們靠近她們的小島。海妖的荒僻小島環繞著尖石礁岩，誤闖海域的船隻一旦觸礁沉沒，賽蓮女妖就會全員出動，將落海水手抓回島上吞吃入腹；待她們饜足後，又會坐在岸邊白骨堆上，繼續唱著下一首迷人歌曲，等待下一批自投羅網的犧牲者（團員招募條件除了會唱歌，還要是肉食主義者），因此海妖島遍布人類的遺骸斷肢，充滿難聞的血腥氣味。

賽蓮女妖誘惑奧德修斯船隻失敗，但在此之前，她們還曾誘惑過另一組海外探險隊

「阿爾戈號」——阿爾戈號為尋找稀世珍寶的金羊毛，出海遠征卻倒楣經過海妖島，船員們沒有高人指點塞住耳朵，被催眠般的轉動船舵往歌聲來源駛去。遠征船在浪濤中就快觸礁，此時船上唯一清醒的琴聖奧菲斯，突然想起傳說中的賽蓮女妖！

海妖歌聲雖美，卻還不夠格迷惑音樂天才奧菲斯，他拿出專屬樂器金色里拉琴，一曲嘹亮的英雄讚歌劃破雲霄，壓制賽蓮女妖的魅惑歌聲，也喚醒全體船員的清醒理智。所有人大夢初醒，同心協力一二一二奮力划槳，飛也似的逃離了海妖的魅惑之島。

該如何描述賽蓮女妖的歌聲呢？能令英雄動搖心智的聲音，想必如同春暖花開的輕風細雨，或是情竇初開的甜言蜜語吧！其實我們現今時常能聽到賽蓮的聲音，例如警車、消防車、救護車等高分貝鳴笛聲，其英文均通稱為“siren”。

海妖之聲迷人甜美，警笛之聲尖銳刺耳，兩者音色天差地遠，但究其根本都代表發生了人命關天的危險狀況，提醒人們注意身處的周遭環境。因此，若有人描述你的歌聲猶如“siren”，得想想該回予一個迷人笑容，還是直接貓他一拳！

賽蓮女妖的怪物特徵

賽蓮女妖首次登場於《奧德賽》，可惜文中並未具體描述其形象，因而留給讀者無限想像。西元前三世紀的希臘史詩《阿爾戈英雄紀》(*Argonautica*) 將其描述為女首鳥身的怪物，就此為賽蓮女妖確立最早造型，古希臘藝術品多將其描繪為「女人頭＋鳥身＋鱗足」，或是「女人身＋鳥腿」等不同形象的大鳥姊姊。

隨後幾世紀，大鳥姊姊賽蓮女妖身上開始長出魚類元素，最後徹底抹除鳥類形象，變身成腹部以上是女人、腹部以下是魚尾的「人魚」。（令人不解的是，如果賽蓮女妖會飛或會游泳，應該要主動擴大業務範圍騷擾水手，而不是被動坐在海岸唱歌等船隻觸礁吧！）

時至中世紀，希臘神話的賽蓮女妖與民間傳說的美人魚混為一談，兩族形象與特徵互相渲染，被基督徒認為是「魔鬼的誘惑」：人魚的美麗外型代表肉慾之罪、迷人歌聲象徵感官之罪，罪不可赦的是她們竟會殺害男人，因而被宗教藝術當作勸世的負面教材，提醒男性朋友放棄肉慾感官的享樂，才能獲得健康平安的生活。

由於中世紀基督教的反覆灌輸，賽蓮女妖的形象拍板定案為美人魚，美麗壞女人的她們長期被認為是有害生物，直到十九世紀晚期，部分藝術家重回古典神話和民族傳說尋找創作素材，對賽蓮女妖那股無可抗拒的誘惑魅力充滿想像，才使她們以婀娜的少女人魚姿態重出江湖（無怪乎瓦特豪斯參考古希臘陶瓶所畫出「人首鳥身」的賽蓮女妖引起爭議）。賽蓮女妖不僅出沒於西洋古典繪畫，也優游在今日的小說、動漫、影視作品，乃至於電玩遊戲中。

➔ 賽蓮女妖的原始形象是人首鳥身的大鳥姊姊，陶瓶描繪的正是《奧德賽》奧德修斯與賽蓮女妖一期一會的初識場景。

古希臘陶瓶，作於西元前 480～前 470 年，藏於英國大英博物館

← 動物寓言插畫，繪於 1225～1275 年，藏於英國大英圖書館

〈賽蓮女妖之吻〉(*The Kiss of the Siren*)，魏特海默（Gustav Wertheimer，1847～1902 年），繪於 1882 年，藏於美國印第安納波利斯藝術博物館

〈漁夫與賽蓮女妖〉(*The Fisherman and the Syren*)，雷頓（Frederic Leighton，1830～1896 年），繪於 1856～1858 年，藏於英國布里斯托城市博物館與美術館

主題三

甜蜜又煎熬的愛情

Chapter

12

窮追不捨的山林色羊——牧神潘與希林克斯

網路流行語「人帥真好，人醜性騷擾」，意指相同的行為會因不同的外貌而產生正負評價。希臘神話存在一位男神，完全超越這句話的警惕，他既醜又愛騷擾人，大眾評價卻意外地討喜（山林寧芙們表示不認同）——他是牧神潘（Pan，又稱潘神），活躍於山林大自然的人間神祇。

希臘神話的牧神潘，對應羅馬神話的農牧之神法烏努斯（Faunus）。在人模人樣的希臘眾神中，潘神的模樣最為特殊，他的上半身是人類，下半身長著羊腿，頭上還有一對羊耳和羊角，留著濃密山羊鬍的長相十分粗獷。他的父親是信使之神荷米斯，母親身分眾說紛紜，據說潘呱呱墜地後，荷米斯非常驚喜於羊娃娃的樣貌，特地將他帶回奧林帕斯山炫耀，而他的滑稽羊相令眾神開懷大笑，因此將他命名為「潘」，古希臘語意為「全部的」，代表逗趣的小潘潘讓全部人滿心喜歡。（與人間第一位女人「潘朵拉」的「潘」同義。）

牧神潘掌管森林和田園，守護羊群和牧羊人，他以遍地荒野為家，經常在山林間遊蕩嬉戲，吹奏樂曲帶著動物和寧芙們熱歌勁舞，是一位狂歡享樂且朝氣勃勃的神祇。愛好大自然的牧神潘，天生性格自由奔放，保有原始野性的強烈慾望，好色濫情的他總是一下愛上這個女神、一下煞到那個寧芙。雖說天界眾神喜歡他的逗趣樣貌，但人間寧芙可不這麼認為，平常嘻嘻鬧鬧倒無所謂，說到擇偶條件，潘神的外型可不是她們的菜。因此，潘神的追愛故事總以失敗告終，而他也不氣餒，反正山林水澤寧芙這麼多，一追再追窮追不捨（大概也許遲早可能）會成功！

在牧神潘數不清多少位的求歡對象中，最知名的受害者是水澤寧芙希林克斯(Syrinx)。希林克斯是狩獵女神兼處女神阿提米絲的追隨者，發誓要像阿提米絲一樣永保貞潔，報名參加女神組團的處女狩獵團。某日，潘瞥見了打獵歸來的希林克斯，對運動後氣色紅潤的她驚為天人，性致勃勃上前搭訕，但希林克斯看他一眼就手刀逃離現場，不想留下來聽他羊癲瘋的土味情話。

向來窮追不捨的潘當然不會放棄眼前美女，要是人家說他誠意不夠怎麼辦（潘～你真的想多了！）。潘不愧是土生土長羊孩子，瞬間以趕羚羊的速度追上希林克斯；希林克斯回頭一望大叫不妙，焦急請求附近河邊的寧芙姊妹們施法幫忙。「羊羊」得意的潘以為自己就要抓住希林克斯了，但一轉眼，希林克斯卻變形成一叢隨風搖曳的蘆葦！

微風輕柔吹動著空心的蘆葦，發出細細而幽怨的嗚咽，潘被這種前所未聞的聲音所吸引，走過去剪下一根根蘆葦，將不同長度的蘆葦按照聲音高低依序排列，製作出一種全新樂器。潘以希林克斯之名為樂器命名，從此隨身攜帶以紀念對她的永恆愛情，也因此成為潘神的識別聖物，又稱潘笛（Pan flute，類似排簫的樂器，但是老天啊～這是什麼比恐怖更恐怖的故事！）。

潘神的追愛故事令人聯想到另則相似的神話：「光明神阿波羅追求達芙妮」，兩則神話均描述男神對美麗寧芙的熱切追求，以及寧芙為逃避男神而選擇被變成植物的情節（詳情請見《乖，你聽畫：希臘羅馬眾神篇》〈初戀情人慘變植物人〉）。阿波羅是神界認證的陽光型男，帥度破表的外型令古希臘人深深著迷，但其戀情也和牧神潘一樣以悲劇收場。從兩位男神的例子，我們大概可見「人帥真好，人醜性騷擾」是個謬論——評價一個人的行為可以從很多層面觀察，但外貌絕對不是其中之一，而性騷擾就是性騷擾，與外貌更是絕對無關。

恐懼的起源

潘神是傑出的音樂家，手中潘笛吹出的悠揚旋律迴盪山林，為大自然帶來寧靜悠閒，符合他作為大自然守護者的神職，然而他卻有一些令人匪夷所思的行為——例如他經常靜悄悄地突然現身山林，為經過的路人製造恐慌；抑或當他爽爽睡午覺時被打擾，那惱怒的大吼大叫傳遍山林，亦會造成人們驚嚇，因此常被認為是「恐懼」的來源，牧神潘 Pan 後來演變成英文單字 "panic"，意指突如其來的感到恐懼、驚慌或憂慮，導致無法做出合理判斷的行為。

藝術主題——潘與希林克斯

牧神潘因特殊造型和鮮活個性而成為受歡迎的角色，在歷代文學、藝術和音樂作品均能見其蹤影，至今仍活躍於奇幻小說、電玩遊戲和影視作品，作為野性狂放的代表象徵。單獨以潘神為主角的藝術品相當多，他追求希林克斯的藝術品也不少，滑稽潘神加上恐懼希林克斯的互動，為這段失敗愛情添加戲謔逗趣的笑料。欣賞藝術品時，掌握以下關鍵線索，即能辨識此藝術主題。

✦5個關鍵線索

(1) 主要人物1：牧神潘，上半身是人類，下半身長羊腿，頭上有羊耳和羊角，一臉濃密的山羊鬍，正努力嘗試捕捉一名裸女
(2) 主要人物2：希林克斯，正努力躲避牧神潘捕捉的裸女
(3) 配角人物：寧芙姊妹們，協助希林克斯的其他裸女
(4) 關鍵植物：蘆葦
(5) 畫面場景：植物叢生的河岸

經常從古典神話取材的法蘭德斯巴洛克藝術大師魯本斯，也曾以「潘與希林克斯」為創作主題，邀請好友兼長期合作者老揚．勃魯蓋爾共同繪製畫作——魯本斯專攻構圖和人物，老揚負責風景，描繪潘神在河邊即將捉住希林克斯的緊張時刻。

魯本斯對人物的描繪技巧超群，潘神從左側草叢闖入畫面，試圖撥開蘆葦觸摸希林克斯；希林克斯一手遮擋身體、一手抵擋潘神的碰觸。畫家擅長以肌肉線條展現人物動感，清楚可見肌肉發達的潘，與魯本斯式豐腴美的希林克斯，兩人在力量上所展現的強烈對比。

老揚對花卉與景物的描繪技巧出眾，河岸風光栩栩如生，遠景是河水一路延伸的海闊天空，近景則充滿自然元素，包括青蛙、鳥禽及水生植物。潘神追求寧芙所展現的愛慾，透過茂盛的動植物傳遞飽滿的生命力和生育力。

兩位巴洛克繪畫頂尖大師聯手合作，無違和地結合各自擅長技法，呈現出豐富多彩且戲劇張力十足的代表作，他們不在乎少女是否真的變形成蘆葦，而是關注大自然的豐沛生命力，以及人類原始慾望的渴求。

〈潘與希林克斯〉(*Pan and Syrinx*)，魯本斯（Peter Paul Rubens，1577～1640年）、老揚・勃魯蓋爾（Jan Brueghel the Elder，1568～1625年），繪於1617～1619年，藏於德國黑森邦卡塞爾博物館群

跟騷法已上路，建議希林克斯趕快打電話報警！（魯本斯與老揚的兒子小揚也合作過相同主題。）

〈潘與希林克斯〉(*Pan and Syrinx*)，魯本斯（Peter Paul Rubens，1577～1640 年）、小揚・勃魯蓋爾（Jan Brueghel the Younger，1601～1678 年），繪於十七世紀上半葉，藏於德國詩威林美術館

姊妹們～你們要做的不是變形希林克斯，而是起身趕走色羊！

〈潘與希林克斯〉(*Pan and Syrinx*)，德特洛伊（Jean François de Troy，1679～1752年），繪於 1722～1724 年，藏於美國蓋蒂中心

Chapter

13 不懂自己不懂愛的水仙花美男

——自戀狂納西瑟斯

Narcissus

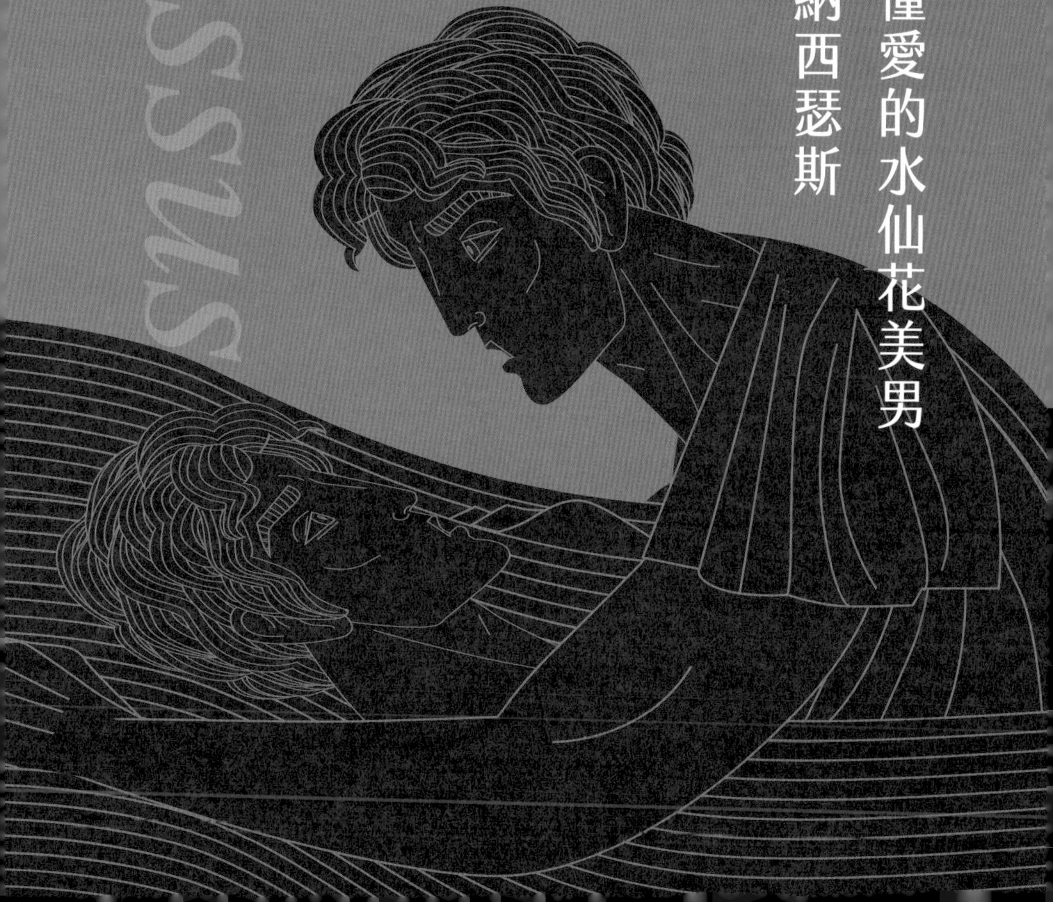

現代社會個人主義興起，勇於愛自己、敢於做自己，能為自我帶來力量和信心。要留意的是，「自信」一旦爆棚就可能變成無視現實的「自戀」。若你身邊有自戀型人格的家人或朋友，請務必先來認識自戀狂始祖——納西瑟斯（Narcissus）！

納西瑟斯的父親是河神基菲索斯（Cephissus）、母親是美貌的水澤寧芙莉里歐琵（Liriope）。莉里歐琵產下小男嬰納西瑟斯後，可能是出於對未來的徬徨，專程去找盲眼先知忒瑞西亞斯，請示男嬰是否能安享天年？年邁的先知不多話，只答了一句：「是的，如果他永遠不認識自己。」

寧芙媽媽聽到瞎眼神算的神瞎預言後滿臉問號，很想拍桌叫他退錢，但忒瑞西亞斯是出了名的鐵口直斷，她也只能無奈地抱著男嬰離開了。寧芙媽媽對預言的直覺解讀，就是讓孩子「不認識自己的外貌」，從此納西瑟斯被嚴禁照鏡子。

納西瑟斯謹遵媽媽的教誨，從來不知道自己的長相，但從周遭少男少女的戀慕眼光，他知道自己大概帥得很不一般，內心優越感使他高冷難親近，就連山林水澤的美麗寧芙們主動追求他，也無法打動那顆冷漠的心。

不只仙女妹子遭到納西瑟斯的無情對待，愛慕他的男性友人同樣被冷酷拒絕。一位恐怖情人型的男性友伴索愛不成，憤而向上天真心祈禱：「但願納西瑟斯有愛人之心，卻永遠得不到所愛之人！」這聲詛咒他「一輩子單身狗」的惡毒禱告，讓懲罰自大和傲慢的報應女神涅墨西斯（Nemesis）聽見了。

某日，納西瑟斯在林間打獵，耐不住暑氣的他來到一處罕無人跡的池塘休息。茂密的林木阻隔豔陽，清澈的池塘平滑如鏡，納西瑟斯彎身取水解渴，伸出的手卻在半空僵住了——眼前水池映照出一張絕美容顏，他一顆心撲通撲通狂跳，納西瑟斯明白，這是陷入愛情的一瞬間。他趴在池畔凝望那張臉，明亮的眼眸、紅潤的雙唇、象牙質地般的脖子，泛著紅暈的白皙皮膚還冒著晶亮的細汗。數不清多少次，納西瑟斯想親吻、想擁抱池中之人，但強烈的慾望一再落空，他耽溺於水中捉摸不定的人影，卻始終不明白自己看到的是什麼？

在踐踏無數人的心意後，納西瑟斯終於懂了索愛不成的痛苦煎熬，他對池中人影悲傷哭訴：「你的友善眼神點燃我的希望，你的歡樂笑容滿足我的快樂，而你也用哀傷淚滴回應我的痛苦。我看到你也在說話，但聽不到你說些什麼……啊！我認出你了，我終於認識我自己了！」納西瑟斯悲痛欲絕地發現，搞了半天，原來他愛的就是他自己！

納西瑟斯重度迷戀自己的帥臉，即便知道真相也不願離開，他茶飯不思夜不能寐，一直待在池邊凝望水面倒影。無處宣洩的熾熱情火在他體內悶燒，焚燒著虛弱的生命，納西瑟斯累了，最後一次依依不捨地凝望水面，疲倦的頭顱緩緩低垂，紅潤的膚色漸漸蒼白，年輕生命如沙漏一點一滴消逝，等在一旁的死神悄悄靠近，闔上那雙因主人之美而走火入魔的眼睛。（死亡不能解決問題，如有感情煩惱請撥打衛生福利部安心專線一九二五依舊愛我。）

山林水澤的寧芙們過去被納西瑟斯無情拒絕，但得知花美男偶像的死訊後依然痛哭哀悼，隨即組成粉絲治喪委員會，打算送納西瑟斯最後一程。大夥兒來到事發現場卻遍尋不著遺體，只見池畔生出一株水仙花。這株白色花瓣環繞金黃花冠的水仙，是納西瑟斯不捨肉身的殘念，化作花朵繼續留在池畔孤芳自賞；至於納西瑟斯的亡魂在前往冥府的渡船上，依舊低頭對著冥河的幽暗水面顧影自憐，惋惜這場注定虛無的自戀愛情。

這場自我迷戀的愛情悲劇源自《變形記》，男主角納西瑟斯的大名對後世造成兩大影響：一是植物學界浪漫地取其典故，將「水仙」的學名取作"narcissus"。二是心理學界不留情地取其典故，將「自戀」的特徵名為"narcissism"，具有自戀型人格特徵的人會過度誇大自身優勢，就像納西瑟斯瘋狂愛死自己的美麗外貌，使他一躍成為自戀狂始祖。

頻繁出現於希臘神話的阿波羅德爾菲神廟以超準神諭聞名，神廟入口處刻有三句德爾菲箴言，其中第一句箴言：「認識你自己」，旨在教導人們應當有自知之明。在這則故事中，無從得知瞎眼神算預言「如果他永遠不認識自己」的真正含意，但寧芙媽媽因過度執著一句預言，無視常理的強制孩子「不認識自己」，無論外表或內心，試問一個人連自己都不認識，又該如何界定個人存在於世的定位呢？

如果納西瑟斯早點認識自己，明白自我與他者的界線，分清自信與自戀的差別，正確善用自身優勢，相信他絕對爽爽一生爽爽過。然而，主體與客體難分難解、愛人與被愛糾纏不清，其中的模糊空間正是這則故事最吸引人之處吧！

藝術主題──納西瑟斯

自戀狂始祖納西瑟斯的故事，包含高冷男神、畸戀死亡、變形成花朵等奇幻愛情小說的經典元素，成為藝文創作的熱門主題。欣賞藝術品時，掌握以下關鍵線索，即能辨識出這位自戀的「水仙花美男」。

✦ 4個關鍵線索

(1) 主要人物：納西瑟斯，低頭看水面倒影的少年

(2) 主要物件：納西瑟斯的水面倒影，若無水面倒影，納西瑟斯就只是一位坐在水邊耍自閉的少年

(3) 輔助物件：水仙花，偶爾點綴於水邊的白色小花

(4) 畫面場景：森林的湖邊或池畔

雖說納西瑟斯的出場舞臺多在森林的湖邊或池畔，但凡事總有例外，例如十六世紀巴洛克畫派奠基者卡拉瓦喬的作品《納西瑟斯》，根本不需要搭建舞臺背景，就能展現納西瑟斯迷倒萬千粉絲的水仙花美男魅力！

卡拉瓦喬徹底發揮擅長的「明暗對照法」，加深畫面陰暗部分，再以一道由上至下的光束，照亮納西瑟斯微捲的棕髮、無瑕的臉龐和頸子，以及緊實的手臂與膝蓋。明暗對照法並非卡拉瓦喬的獨創，卻是由他確立了此種畫技，彷彿舞臺聚光燈的光線突顯了納西瑟斯的內心獨白，我們因而輕易地從此畫感受到，周遭的風光明媚已不重要，納西瑟斯的世界只剩下他和他自己。

除此之外，納西瑟斯撐起雙手緊盯水面，他不光看著自己的倒影，左手甚至微微伸進水面碰觸水中的自己，真實與虛假的他形成一個閉鎖圓圈，呈現耽溺於他我不分的自戀狂熱。

〈納西瑟斯〉(*Narcissus*)，卡拉瓦喬（Michelangelo Merisi da Caravaggio，1571～1610 年），約繪於 1600 年，藏於義大利國立古代藝術美術館

只要你眼中有我，我眼中有你，世界毀滅也無所謂。

〈納西瑟斯〉(*Narcissus*)，蒂施拜因（Kasseler Tischbein，1722～1789 年），約繪於 1770 年，藏於德國黑森邦卡塞爾博物館

我左看右看，我上看下看，原來這個男孩真不簡單～

〈納西瑟斯〉(*Narcissus*)，勒摩恩（François Lemoyne，1688～1737 年），繪於 1728 年，藏於德國漢堡美術館

Chapter

14

愛在心裡口難開的苦情癡女

——回聲女神愛可

Echo

水仙花美男納西瑟斯俊俏帥氣，吸引一大票戀慕他的粉絲，但他任意糟蹋芳心，惹得少男少女玻璃心碎一地。眾多求愛遭拒的愛慕者中，有位迷妹因下場過於慘烈而一戰成名，常和納西瑟斯合併介紹，就某種層面而言算是犧牲得值回票價，這位迷妹是愛在心裡口難開的苦情癡女——回聲女神愛可（Echo）。

愛可是希臘赫利孔山（Helicon）的山嶽寧芙，喜歡在山林間打獵嬉戲，銀鈴般的歡笑迴盪山谷，能為萬物帶來活潑開朗的朝氣，就連神王宙斯都曾讚美過她的甜美聲音，堪稱天界認證的神級聲優（不知與賽蓮女妖相比誰更好聽？）。這位美聲女神什麼都好，就是有個多嘴好事的壞毛病，因而讓她招惹不少麻煩事。

某日，天后赫拉下凡來到赫利孔山，打算對宙斯進行突擊檢查，探看花心丈夫又在和哪個仙女妹子廝混。愛可遇到來勢洶洶的赫拉，擔心若真的被她逮到偷情男女，依照她過去心狠手辣的手段，可能會血祭小三洗門風（然後宙斯又會偷偷溜走）。一想到血洗赫利孔山的慘狀，冷汗直流的愛可嚇到連腋下都濕了，為了保護自家寧芙姊妹，情義相挺的她決定施展八卦碎嘴功，拖延赫拉捉姦在床的黃金時間。自此之後，每當天后來赫利孔山尋找偷腥丈夫，愛可就會故技重施，能幫一次是一次。

尊為奧林帕斯山第一夫人的赫拉可不是笨蛋，次數多了難免起疑，當她發覺實情後整個大發飆，對愛可撂下狠話：「妳那根舌頭除了愚弄我，看來也沒其他長處，妳就好好享受『長話短說』的滋味吧！」赫拉說一不二，從此愛可慘遭封口，只能重複她聽到的句尾，無法主動開口找話題，甚至無法給予回應，原本口舌伶俐的美聲女神一夕變成溝通障礙的社交邊緣人。

處境再慘，日子還是得過，遭到嚴懲的愛可在山林間散步，偶然瞥見納西瑟斯追鹿入網的颯爽英姿，她眼睛一亮，前所未有的情火瞬間被點燃。愛可暗地觀察納西瑟斯，想多瞧瞧這位鮮肉花美男，但她越觀察，情火燒得越熾熱。愛可渴望上前向他搭訕，但天后的詛咒限制她的言語，無法大聲說愛的她只能等待納西瑟斯開口讓她回應，於是被愛沖昏頭的她決定展開長期跟蹤計畫。（愛可醒醒啊～妳這樣會觸犯跟騷法！）

愛可偷偷跟蹤納西瑟斯好一段日子，終於讓她等到千載難逢的機會了！這天，外出打獵的納西瑟斯和同伴走散，他在林間高聲呼喊：「大家在哪兒？」跟蹤狂愛可見機不可失，趕緊發聲：「在哪兒！」納西瑟斯見四下無人，滿腹疑惑喊得更大聲：「過來呀！」遠處又傳來回應：「過來呀！」納西瑟斯等不到人過來，繼續大喊：「我們來碰面吧！」這正是愛可最想說的一句話，於是她雀躍地回應：「來碰面吧！」

愛可興沖沖又性衝衝的衝出樹叢，準備擁抱肖想已久的納西瑟斯，但納西瑟斯看到的景象是一名從林間竄出的女子，她手臂大開、鼻孔噴張、面色潮紅，以跑百米速度全力衝向他。受到驚嚇的納西瑟斯沒有猶豫，操起手刀往後逃走：「別碰我！我寧可一頭撞死也不讓妳抱我。」聽到這聲無情拒絕，愛可也只能無力地回應：「抱我……」。

俗諺說：「男追女隔座山，女追男隔層紗。」愛可積極追愛，但她沒料到追求納西瑟斯根本是越級打怪，隔在他們之間的不是曖昧薄紗，而是一層防彈玻璃。愛可的癡女行徑不可取，但人家好歹是山嶽寧芙兼美聲女神，慘遭拒絕後嫩臉掛不住，無地自容的她不再糾纏，一個人躲進山洞偷偷哭泣，可是納西瑟斯的帥俊身影、單相思的酸澀感情、被打槍的惱羞恥辱，千頭萬緒緊緊纏繞導致她重度憂鬱。

如果愛可能提早知道納西瑟斯的最終下場，或許就不會如此痛苦，但此刻的她心力交瘁，身形逐漸消瘦乾癟，最後枯骨化作山岩，只剩下那曾經令眾神傾倒的甜美聲音，徒留在空曠的山谷間，虛無飄渺的重複著人們的聲音。

回聲與回音症

愛可觸怒天后而慘遭封口，只能重複她聽到的最後幾個字，就算面對心儀對象也有口難言，因而讓愛可Echo芳名成為「回聲」英文單字"echo"的由來。拜科學之賜，現在人們知道回聲是聲音反射的結果，但古代人們在山林間高聲吶喊，聽到傳回重複的聲音，可著實被嚇了一大跳呢！古人無法理解這種物理現象，便將回聲擬人化，想像山林間真有一位回聲女神專門複誦人們的聲音，以此解釋超乎理解之外的事物。

除此之外，還有個醫學病症稱為「回音症」(echolalia)，患者症狀就像愛可一樣，會重複他人說過的特定辭彙或句子，多出現在精神分裂、自閉症、妥瑞氏症患者或發展遲緩的孩童身上。但若仔細觀察職場、家庭，乃至於社交互動，會發現周遭可能有人也有「回音症」的傾向，他們的特徵是「頻繁重複」且「換句話說」他人說過的內容，例如當你說：「這部電影好無聊！」對方也同樣回應：「真的很無聊！」就像應聲蟲般重複別人的想法，卻鮮少主動提出個人主觀意見（也有可能是對方懶得和你互動才敷衍應答）。

這類迎合型回應方式，常與壓抑的人格與情緒有關。日劇《風平浪靜的閒暇》女主角即是社交回音症的典型例子——幼年時為了獲得母親肯定，成年後又要融入職場社交和男女關係，即便有違內向個性，但為了不被排擠也只能迎合他人喜好，例如同事說：「一起去新開的法式高級餐廳吧！」生性節儉的她也只是笑笑回答：「一起去！一起去！」勉強配合的結果，卻讓同事們覺得她只是個很好說話的工具人，甚至當她難得表達意見時也無人搭理，導致漸漸喪失開口傳達本意的話語權。

回聲女神愛可的處境來自生理的禁錮詛咒，注定造成一場失敗的戀情，當我們嘆息這場無言結局時，或許也可以思考自己在每段人際關係，是否保有表達自己的話語權，還是只能當隻重複迎合的應聲蟲？

藝術主題——愛可與納西瑟斯

這則愛在心裡口難開的倒追失敗案例，雖然有不少吐槽點，但還是令人為愛可掬一把同情的眼淚。藝術家以此神話故事為創作主題，多將畫面聚焦於「愛可偷窺正在凝望倒影的納西瑟斯」，若愛可得知自己得以同框納西瑟斯，不知她是否覺得一切犧牲都值得了？（或是覺得被留下偷窺記錄很丟臉？）欣賞藝術品時，掌握以下關鍵線索，即能辨識這位「回聲女神愛可」。

✦ 3個關鍵線索

(1) 主要人物1：納西瑟斯，低頭看水面倒影的少年

(2) 主要人物2：愛可，凝望（偷窺）納西瑟斯的少女

(3) 畫面場景：森林的湖邊或池畔

十七世紀法國古典主義繪畫大師普桑，畫面講究嚴謹的構圖結構與沉穩和諧的色彩，並在其中寄寓嚴肅的哲理，名氣響徹太陽王路易十四的宮廷，迄今被認為是法國最偉大的畫家。

〈愛可與納西瑟斯〉在一片黯淡的棕色山林，女主角愛可似乎與岩石融為一體，暗示此時的她已枯骨化作山岩，只能無力地凝望倒在池畔的納西瑟斯；納西瑟斯頭髮周圍盛開著水仙花，代表他因自戀心碎而亡。普桑為畫面添加一位未曾出現於故事的角色「小愛神邱比特」，他手中的火炬代表愛可對納西瑟斯的不滅之愛，但他視線飄移假裝沒看到眼前的命案現場，似乎在提醒觀畫者「愛情是盲目」的道理。

〈愛可與納西瑟斯〉(*Echo and Narcissus*)，普桑（Nicolas Poussin，1594~1665 年），繪於 1627 年，藏於法國羅浮宮

㊧ 等一下……偷窺納西瑟斯的少女竟然不只一位！樹叢下位的少女張口呼喚，通常被視為愛可本人。

〈納西瑟斯與愛可的風景畫〉(*Landscape with Narcissus and Echo*)，洛漢（Claude Lorrain，1604～1682年），繪於1644年，藏於英國國家美術館

㊤ 依照故事情節，納西瑟斯初次凝望自己時，愛可早已化作枯骨，但多數藝術家仍以納西瑟斯的辨識圖像（凝望水面倒影）來完整圖像敘事。

〈愛可與納西瑟斯〉(*Echo and Narcissus*)，瓦特豪斯（John William Waterhouse，1849～1917年），繪於1903年，藏於英國利物浦沃克美術館

除了愛可與納西瑟斯的同框畫面，偶爾可見單獨以愛可為主角的畫作。若看到少女出現張口呼喚、手放耳後的聆聽動作，那大概就是回聲女神愛可了！

➔〈愛可〉(*Echo*)，卡巴內爾（Alexandre Cabanel，1823～1889 年），繪於 1874 年，藏於美國大都會藝術博物館

←〈愛可〉(*Echo*)，考克斯（Kenyon Cox，1856～1919 年），繪於 1892 年，藏於美國史密森尼美國藝術博物館

Chapter

15

為了愛，墓仔埔也敢去

——琴聖奧菲斯與歐律狄克

為了摯愛，你願意付出到什麼程度呢？奧菲斯（Orpheus）是希臘神話的琴聖，里拉琴的彈奏技巧無人能及，卻比不上他那催淚愛情所詠唱的哀歌，奧菲斯為了摯愛不只走遍天涯海角，更是一段「為愛下地獄」的深情故事。

奧菲斯的父親一說是色雷斯國王俄阿格羅斯（Oeagrus），一說是光明神兼藝文神阿波羅，母親則是掌管史詩的繆思女神卡利俄佩（Calliope，意為悅耳之音），與生俱來的音樂細胞使他擁有絕對音感，演奏技巧超凡入聖，傳聞阿波羅驚豔於小奧菲斯的天賦，把自己御用的金色里拉琴送給年幼的奧菲斯。

這把金色里拉琴是阿波羅的專屬配備，他興致一來就會演奏里拉琴吟唱，天上人間無處不是他的歡唱 KTV。奧菲斯接手里拉琴後，更是將這把神樂器發揮到最大值，他彈奏的琴音加上演唱的歌聲，不僅能影響任何有聽覺的生物（不是孩子王胖虎的魔性歌喉），最猛的是還能移動山之石、改變河之道（愚公和大禹如果能早點聘請奧菲斯就不用這麼苦命了）。簡單來說，奧菲斯就是希臘神話的超級音樂巨星，只要他手撥里拉琴，人們就彷彿進入夢幻仙境般如癡如醉。

可惜的是，奧菲斯的音樂才華備受尊榮，愛情生活卻慘絕人寰。奧菲斯與美麗的山林寧芙歐律狄克（Eurydice）結婚，小倆口還沒過完蜜月，歐律狄克就因為不小心踩到一條毒蛇，被蛇咬住後腳跟而毒發身亡。奧菲斯見到愛妻的冰冷遺體後痛不欲生，說他痛不欲生不是誇飾法，因為他為了再見到歐律狄克，決定犧牲性命，帶著里拉琴闖進冥府搶救新娘。（音樂請下伍佰 & China Blue 的〈墓仔埔也敢去〉）

奧菲斯歷盡艱辛找到了冥界入口，義無反顧走進了死者國度，沿路彈奏里拉琴訴說他對妻子的無盡思念，那幽怨哀戚的琴音和歌聲傳遍冥界——看守冥府入口的地獄三頭犬放鬆了戒備、冥河擺渡船夫停止了擺槳、荒謬男子薛西弗斯坐在巨石上沉思（其實又是在找理由偷懶吧！）、復仇女神首次流下了眼淚。

整座冥府籠罩在奧菲斯的悲涼琴音久久無法自已，深受感動的冥王黑帝斯與冥后波瑟芬妮甚至離開寶座，走去聆聽奧菲斯的歌聲（順便制止害冥府工作停擺的元凶）。奧菲斯懇求冥王把妻子還給他，因為寵妻魔人冥王一定最懂失去老婆的痛苦。（冥王一年只能和冥后同居四個月，詳情請見《乖，你聽畫：希臘羅馬眾神篇》〈霸道總裁逼我嫁〉）

冥王和冥后聽完奧菲斯的肺腑之言，憐憫之情油然而生，破例讓他帶回歐律狄克的亡魂，但同時提出一個條件：奧菲斯帶領妻子返回人間的路程，必須全程走在妻子前方且不准回頭看她，否則妻子將無法死而復生重返人間。

奧菲斯感恩謝過冥王和冥后，領著愛妻踏上重返人間的旅途。歐律狄克的腳上仍有被毒蛇咬到的傷口，奧菲斯很擔心她不良於行，然而更令他擔心的是，即便放緩腳步也聽不見後方傳來的腳步聲。奧菲斯開始懷疑冥王欺騙他，但也只能忍住回頭的衝動，繼續在幽暗難行的路徑中默默前進。

不知走了多久，奧菲斯終於看到道路盡頭透出一絲微光，這代表他們就快抵達光明的人間樂土了！奧菲斯一踏上人間，便焦急轉頭關心歐律狄克，但他太心急了，忽略妻子尚未雙腳踏上人間土地……奧菲斯從妻子的慘白面容看到了陰鬱哀傷，然後下一秒她就被一股力量向後拉回死者國度，奧菲斯衝過去試圖抓住妻子的手臂，卻被一道無形的屏障給阻隔。冥王給過奧菲斯機會，不再寬容他進入冥界第二次；奧菲斯跪倒在地，心碎地望著黑暗深淵，唯一聽到的是歐律狄克一聲微弱的「永別了……」。

奧菲斯下地獄尋妻未果，自此對一切事物失去興趣，他帶著里拉琴流浪荒野，孑然一身只願與山林野獸作伴。人生再無期望的奧菲斯，原以為餘生會在孤寂中度過，沒料到竟在森林間偶遇一群崇奉酒神戴奧尼索斯的女信徒。

酒神女信徒平日出沒山林，與山禽野獸和平相處，但幾杯黃湯下肚進入喝茫的恍惚狀態，其行徑會變得異常瘋狂，力大無窮無人能擋，甚至會徒手撕碎牛羊野獸，對男人更是無差別攻擊。可憐的奧菲斯不想搭理這群發酒瘋的酒神女信徒，卻不由分說慘遭她們攻擊致死，他的頭顱和里拉琴被丟入湍急河流，隨著河水漂到了出海口。

奧菲斯的母親卡利俄佩聽聞噩耗，等在海岸邊打撈起兒子的頭顱和里拉琴，其他繆思女神則分工尋回他的屍身安葬。奧菲斯的父親阿波羅十分懷念兒子，請求神王宙斯可憐奧菲斯的遭遇，宙斯便將奧菲斯的里拉琴高掛星空化作「天琴座」。至於奧菲斯，他雖然死狀悽慘，但也如願在冥府與歐律狄克相會。這一次，他終於能好好看著自己心愛的妻子了。

藝術主題——奧菲斯與歐律狄克

琴聖奧菲斯以「為愛下地獄」深情好男人形象留名，藝術家多描繪他帶領歐律狄克走向人間的冥府旅途。欣賞藝術品時，掌握以下關鍵線索，即能辨識出這段「地獄尋妻記」！

✦ 4個關鍵線索

(1) 主要人物1：奧菲斯，手拿里拉琴、走在女人前方的男子
(2) 主要人物2：歐律狄克，緊跟在男人後方的女子
(3) 識別物件：里拉琴（類似豎琴的古地中海琴種），緊握在奧菲斯的手中
(4) 畫面場景：暗色背景的山路或山洞

法蘭德斯巴洛克藝術大師魯本斯晚年以奧菲斯的「地獄尋妻記」為題材，繪製一幅值得細細玩味的作品〈奧菲斯與歐律狄克〉。畫作的對照組是兩對夫妻：右側是冥王和冥后這對老夫老妻、左側是奧菲斯和歐律狄克這對新婚夫妻。

冥王夫婦坐在冥府寶座，從冥王手中的二叉戟及寶座旁的地獄三頭犬可辨別出他的身分，而上天下地有資格坐在冥王身旁的女神當然就屬冥后了，他倆被陰影籠罩，象徵幽冥世界的不祥預兆。奧菲斯夫婦位處畫面明亮處，奧菲斯抓著歐律狄克向前邁步，一副想趕快閃人離開的模樣。

請注意全員人物的手勢和眼神，冥王和歐律狄克轉身望著冥后，只見冥后微微抬手做出最後提醒，警告奧菲斯不准回頭看妻子，彷彿她才是冥府的掌權者（冥王徵詢冥后的眼神就是個寵妻魔人）。故事的決策角色是男性（冥王提出條件、奧菲斯選擇回頭），但魯本斯的關注角色卻是兩位女性：色調濃黑的冥后和幾近純白的歐律狄克。歐律狄克堅定地望著冥后，但冥后略微憂愁地看著歐律狄克，冥后本是人間春神，被冥王霸道擄至冥府當老婆，大概對歐律狄克有機會永遠脫離冥府感到五味雜陳吧！

然而，不該回頭的奧菲斯卻在此時將眼神轉向後方，傳遞出他的懷疑，況且他握的不是妻子的手，而是容易滑落的絲綢。魯本斯透過眼神與手勢，向觀眾傳遞出奧菲斯必定回頭的失敗結局，而這正是藝術大師的高明之處，千言萬語都寄寓在畫作細節裡，只看觀眾能心領神會到何種程度了！

〈奧菲斯與歐律狄克〉(*Orpheus and Eurydice*)，魯本斯（Peter Paul Rubens，1577~1640 年），繪於 1636~1638 年，藏於西班牙普拉多博物館

我們大手拉小手，漫漫長路一起走！（奧菲斯：老婆你小心腳步～）

〈奧菲斯從冥府帶領歐律狄克〉(*Orpheus Leading Eurydice from the Underworld*)，柯洛（Camille Corot，1796～1875 年），繪於 1861 年，藏於美國休士頓美術館

我們大眼瞪小眼，明明說好不回頭！（歐律狄克：老公你太快回頭啦！）

〈奧菲斯與歐律狄克〉(*Orpheus and Eurydice*)，古斯（Carl Goos，1797~1855 年），繪於 1826 年，藏於丹麥國立美術館

Chapter 16

美夢成真最佳代言人——天才雕刻家皮格馬利翁與加拉蒂亞

Pygmalion

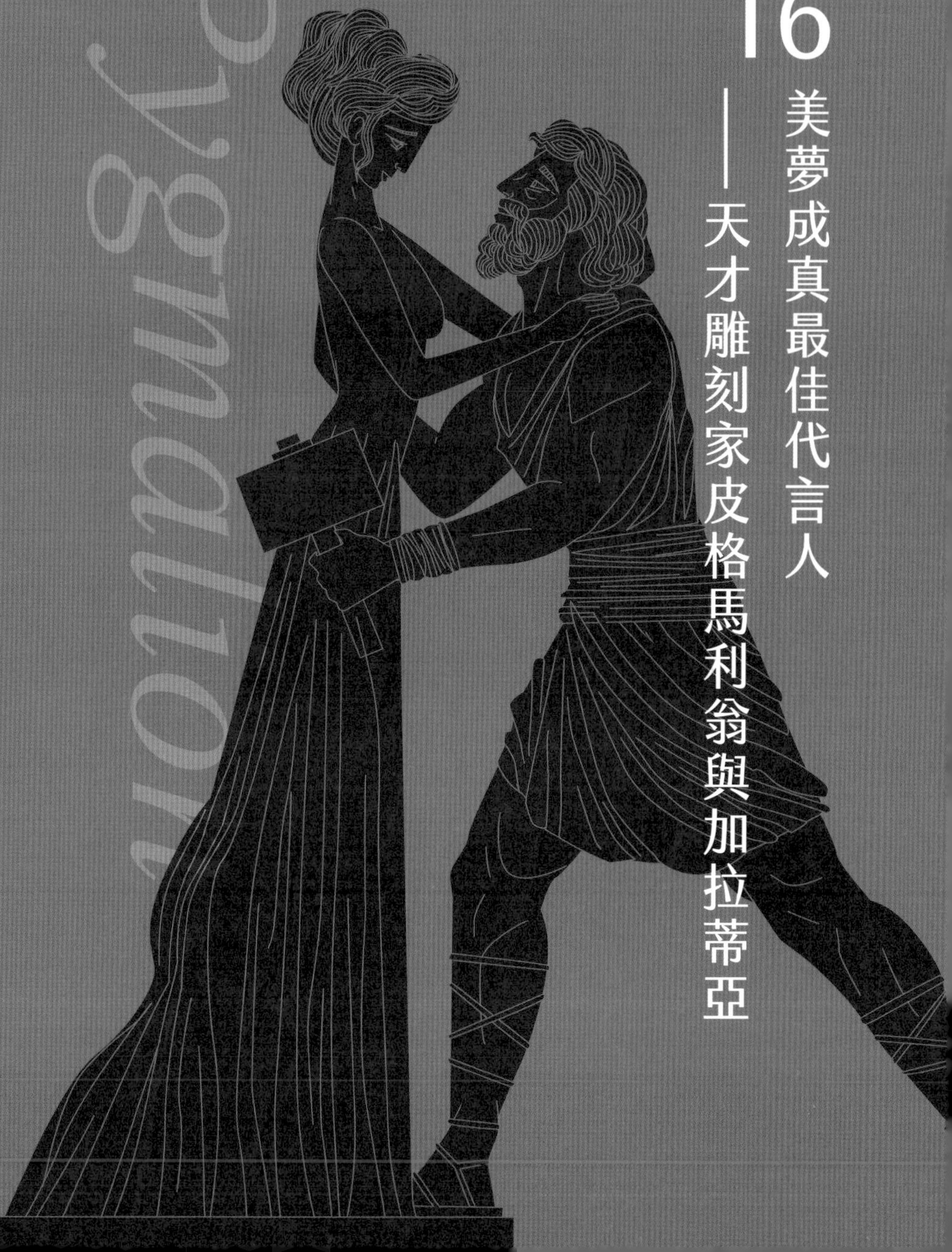

近年出現不少主打「吸引力法則」的勵志書籍和心靈課程，鼓勵人們藉由改變想法，進而達成「美夢成真」的目標。羅馬神話的皮格馬利翁 (Pygmalion) 就是美夢成真的最佳代言人，因此被廣泛運用於教育學、社會學，乃至精神醫學和心理學。根據不同故事版本，皮格馬利翁的人物和劇情設定略有出入，本篇取自《變形記》。

皮格馬利翁是賽普勒斯島的天才雕刻家，他見到當地婦女諸多不檢點的行為，偏激的連帶厭惡世上所有女人，甚至決定永遠不結婚。作為雕刻家的他發揮藝術才華，誓言雕刻出最完美的少女雕像，讓世人見證女子應有的美麗典範。

皮格馬利翁精心挑選一塊質地上好的雪白象牙，不分晝夜雕刻這尊雕像，創作的過程中，他漸漸著迷於自己的藝術作品，等他完成心目中的理想少女，他竟然無可救藥地愛上了這尊雕像。

這裡所說的「愛」，不只是藝術家對創作的熱愛，更是男人對女人的戀愛。眼前這尊少女雕像之精緻細膩，是世間任何女子都無法與之相比的，皮格馬利翁熱切盯著雕像，撫摸她的細緻臉龐，居然忍不住親吻她的迷人雙唇；他像裝扮娃娃般溫柔地為雕像套上華美衣袍、妝點奢侈珠寶，奉獻各種少女會喜歡的禮物。深夜時分，皮格馬利翁甚至將少女雕像抱上床榻，為她墊著柔軟枕頭、蓋上舒適被子，和她同床共臥，然後……就沒有然後了。皮格馬利翁將雕像視若真人，幻想雕像會熱情感謝他所付出的一切，但冷冰冰的雕像當然毫無反應。最後，皮格馬利翁放棄了，失望地承認自己愛上的是一個沒有生命的物品。

隨著維納斯愛神節到來，每位渴望愛情的島民都獻上供品，向職司愛與美麗的維納斯女神祈求愛情，整座賽普勒斯島狂歡慶祝，此刻就是一個全島拜月老的概念。皮格馬利翁也送上供品祈禱，但他不敢奢求太多，只祈禱女神幫他找到樣貌和雕像相似的少女就好。皮格馬利翁的真實心願當然瞞不過維納斯，作為性尺度無極限的愛慾美神，她被這特殊性傾向引起好奇，她聽著皮格馬利翁誠心又執著的禱告，便讓他面前的祭火噴焰三次。皮格馬利翁感應到維納斯發爐顯靈，急忙轉身衝回家，查看他親手打造的少女雕像。

工作室的雕刻座臺上，仍舊是一動也不動的少女雕像，但當皮格馬利翁伸手觸碰她的肩膀、撫摸她的手臂，隨著雙手的游移，他驚訝發現原本冷硬的象牙如蠟般軟化，變成有溫度的軀體。皮格馬利翁親吻雕像，感受那變得柔軟的雙唇和呼吸的熱氣，他將夢寐以求的少女緊擁入懷，而少女也害羞的微笑看著他。這正是維納斯回應皮格馬利翁的真實心願——讓沒有生命的雕像變成真正的女人。

媒人婆維納斯親自為他們的婚禮獻上祝福，皮格馬利翁與少女還生下一位女兒，取名為帕福斯（Paphos）。賽普勒斯島上一座城市即以他們的女兒帕福斯命名，帕福斯市海邊有塊著名的「愛神岩」，傳說是維納斯自海洋誕生後第一次上岸的地方，成為世界聞名的旅遊勝地。

皮格馬利翁的延伸典故

人類行為研究引用皮格馬利翁的神話故事，發展出兩種差異極大的意義：

(1) 戀雕像癖：

精神科和心理學的專有名詞「戀雕像癖」（agalmatophilia，又譯作戀人形癖），意指對雕像、人偶、人體模型等具體擬人物品（例如充氣娃娃）產生情慾。皮格馬利翁面對理想之於現實女性的差異鴻溝，長期以來心灰意冷，改將戀愛對象投射至自己創造的雕像，又屬戀雕像癖分類下的「比馬龍症」(Pygmalionism)，專指愛上自己創造的擬人物品。

(2) 比馬龍效應：

天才雕刻師除了有顛覆三觀的戀雕像癖外，還衍生另一教育學專有名詞「比馬龍效應」(Pygmalion Effect)，大意指孩童或學生被賦予更高的正面期望，會出現更優秀的表現；反之，若他們被給予負面評價，可能會發生無法達標的結果。

皮格馬利翁與少女雕像的圓滿大結局，雖被歸類為浪漫愛情故事，但愛上自己創作物的皮格馬利翁，對自己的雕刻才華絕對充滿信心，換個角度來看，他其實也愛上了潛心創作的自己——當一個人擁有高度自信（不是納西瑟斯那種重度自戀），同時強烈祈求正面結果，相信美夢成真的日子就在不遠處！

藝術主題——皮格馬利翁與加拉蒂亞

《變形記》並未提及少女雕像的芳名，法國思想家盧梭（Jean-Jacques Rousseau，一七一二～一七七八年）在戲劇作品《皮格馬利翁》(*Pygmalion*)，為少女雕像命名為加拉蒂亞（Galatea，原意為「乳白色」，靈感來自她象牙質地的雪白胴體），並廣為流傳至今。「皮格馬利翁與加拉蒂亞」是十九世紀受歡迎的藝文主題，藝術家多聚焦於少女雕像獲得生命的驚奇一瞬間。欣賞藝術品時，掌握以下關鍵線索，即能辨識出這則美夢成真的愛情故事！

✦ 4個關鍵線索

(1) 主要人物1：加拉蒂亞，站在雕刻座臺的白皙裸女
(2) 主要人物2：皮格馬利翁，與裸女雕像各種親密互動的男子
(3) 配角人物：美神維納斯、小愛神邱比特
(4) 畫面場景：藝術工作坊，陳列各種雕刻工具和藝術品的房間

十九世紀中後葉，法國藝文界經歷一系列迅速變革的藝術運動：現實主義、浪漫主義、印象派和後印象派、象徵主義等，反映藝術家對當時社會、文化和技術變革的不同反思，但仍有一派藝術家堅守古典主義，持續以古希臘羅馬的精神美學為依歸，例如法國學院派畫家和雕塑家傑洛姆，作品以肖像畫，以及古典神話、宗教故事和歷史事件的歷史畫為主，被認為是十九世紀學院派最重要的畫家之一。

〈皮格馬利翁與加拉蒂亞〉描繪加拉蒂亞被賦予生命的那一刻，她的下半身仍是象牙質地，上半身卻逐漸注入血色；皮格馬利翁擁吻少女雕像，一旁插花的小愛神從雲朵射出金箭，使這對離奇愛侶有情人終成眷屬。

畫家如何傳達皮格馬利翁的迫不及待呢？重要的雕刻鍾被隨意扔在地上，他甚至等不及雕像變成活人就伸出雙臂環抱少女，踮腳抬頭與她接吻，仔細看他的手指力道甚至略微陷入少女柔嫩的白皙肌膚。

加拉蒂亞的基座刻有裝飾性的魚隻，按照不同故事版本，皮格馬利翁是以維納斯女神的形象雕塑少女，維納斯誕生於海洋，因此畫家特別在基座安排這項小巧思，藉此呼應如女神般美麗的加拉蒂亞即將誕生於世。

同為雕刻家的傑洛姆大概對天才雕刻家皮格馬利翁的故事很有共鳴，曾為他創作多幅畫作，每個版本皆從不同角度呈現這對愛侶的親密互動，可惜除了此幅館藏於大都會藝術博物館，其他版本皆已遺失或為私人收藏。

〈皮格馬利翁與加拉蒂亞〉(*Pygmalion and Galatea*)，傑洛姆（Jean-Léon Gérôme，1824～1904 年），約繪於 1890 年，藏於美國大都會藝術博物館

部分故事版本描述，皮格馬利翁是以維納斯女神的形象雕塑少女，女神感動於忠實男粉絲的熱情，因而賦予雕塑生命來回應他的愛慕

➔〈皮格馬利翁與加拉蒂亞〉(*Pygmalion and Galatea*)，畢修（Laurent Pêcheux，1729～1821年），繪於1784年，藏於俄羅斯艾爾米塔什博物館

←〈皮格馬利翁與加拉蒂亞〉(*Pygmalion and Galatea*)，吉羅代（Anne-Louis Girodet-Trioson，1767～1824年），繪於1819年，藏於法國羅浮宮

圖片出處

頁23 〈潘朵拉〉 wikipedia, Jastrow, CC BY–SA 2.5
頁44 〈阿特拉斯〉 wikipedia, Gabriel Seah, CC BY–SA 3.0
頁62 〈阿斯克勒庇厄斯〉 wikipedia, Michael F. Mehnert, CC BY–SA 3.0
頁62 〈阿斯克勒庇厄斯〉 wikipedia, Nina Aldin Thune, CC BY–SA 3.0
頁76 〈柏修斯與梅杜莎頭顱〉 Shutterstock 圖庫網
頁77 〈柏修斯與蛇髮女妖戈爾貢〉 wikipedia, Pierre André,CC BY–SA 4.0
頁85 雅典娜神廟的蛇髮女妖牆面裝飾　wikipedia, Rabax63,CC BY–SA 4.0
頁86 〈梅杜莎〉 wikipedia, Livioandronico 2013, CC BY–SA 4.0
頁118 古埃及的吉薩大人面獅身像　Shutterstock 圖庫網
頁119 古希臘科林斯式人面獅身像盛油瓶　wikipedia, Zde, CC BY–SA 4.0
頁169 古希臘陶製酒杯底圖　wikimedia, Marie–Lan Nguyen, CCBY 2.5
頁193 斜倚拿酒碗的波呂斐摩斯陶俑　wikipedia, Jmjohnson17, CC BY–SA 4.0

◎乖，你聽畫：希臘羅馬眾神篇

葵花子／著

當你觀賞藝術作品時，腦袋中是否有源源不絕的問號跑出？到底是你眼睛業障重還是藝術家太天馬行空？讓你站在藝術品前面想破頭就是不懂藝術家想表達什麼?!本書精選「登場次數」超高的希臘羅馬神話故事，找出故事必備經典圖像，帶你一路破關斬畫，不論藝術品是熟悉的、陌生的，還是有點熟又好像不太熟的通通沒問題，經典圖像在手，藝術世界任你行！

◎喬凡尼與盧莎娜

傑納・布魯克／著

十五世紀的佛羅倫斯商業與文藝發展鼎盛、社會規範有序。然而，本應是無從交集的兩人——裁縫師之女盧莎娜與豪門家族子弟喬凡尼，怎會打破藩籬，深陷愛的誘惑？這段跨越階級的愛情，為何後來又演變成謊言、欺瞞、互相控訴的關係？本書透過一起記錄完整的訴訟案件，帶領讀者親臨法庭現場，旁觀案件的前因後果、論理是非，並探討文藝復興時期婚姻與社會風俗、階級與性別的差異、共和政府的政治和外交運作，以及教權和政權緊張的互動關係，足堪譽為微觀史學經典之作。

◎荷馬史詩——儀軌歌路通古今

呂健忠／著

本書上溯印歐語族群遷徙殖民的歷史，下探歐洲史詩的源起與流變，透過獨樹一幟的史觀，展現別開生面的史識，全面探究荷馬史詩蔚然成學的來龍去脈。作者所見史詩景觀的嬗遞反映文化史的進程，從口傳史詩以實體城牆界定土地認同，經由文人史詩以文化城牆界定族群認同，到基督教史詩以信仰城牆界定宗教認同。

◎德意志的上帝代言人——杜勒

韓秀／著

杜勒出生於金匠家庭，十三歲時無師自通，以銀針素描畫出第一幅自畫像，技術堪與達文西、林布蘭並列。早在幾百年前的杜勒已有商標與版權的概念，他同時還是史上第一位身兼出版家的插畫家，展現了其無人能望其項背的精湛手藝。杜勒前衛的思想與實踐力，讓藝術有了開創性的發展。關於杜勒，還有更多的魅力，趕緊翻開本書，一起探尋他的斜槓人生！

◎神的兒子——埃爾·格雷考

韓秀／著

埃爾·格雷考是來自希臘的藝術家，對於西班牙文藝復興繪畫有著極大的貢獻，影響後世深遠。但是，比起達文西、拉斐爾、米開朗基羅這些耳熟能詳的藝術家，大眾對於這位藝術家相對陌生。本書描寫來自希臘克里特島的藝術家格雷考到義大利威尼斯學畫，後來前往西班牙發展，成為西班牙文藝復興代表藝術家的故事。

◎巴洛克藝術第一人——卡拉瓦喬

韓秀／著

卡拉瓦喬是巴洛克藝術的先驅，尤其善於利用光線的明暗，襯托出立體的空間感，使畫面充滿戲劇性的效果，為當時的藝術發展點亮一盞明燈，成為後輩藝術家們的楷模。本書為作者走訪世界各大博物館、美術館、圖書館，從堆積如山的資料中考證史實，梳理歷史脈絡，加以文學之筆，以平實真摯的文字，寫就一部娓娓動人的藝術家傳記。

◎不只是盛宴：餐盤裡的歐洲文化史

周惠民／著

自古以來「民以食為天」是不變的真理。人類需要進食才能生存，唯有活下去才能夠建構文明，而文明的各種發展又反過來影響人們的飲食習慣，也因此「吃」成了一門窺探過往生活與文化的大學問！本書梳理歐洲千年來的飲食文化史，從日常的吃喝瑣事——找尋食材、烹飪技巧、進食模式，帶你認識更有趣、更立體的過去，讓你發現原來人們的飲食，和政治變遷、經貿發展、宗教信仰、科技進步和階級差異等大歷史課題息息相關！

◎時尚宗教學

徐頌贊／著

拜訪古今中外的神佛仙妖，周遊東南西北的神話傳說，揭開魑魅魍魎的神祕印象，窺探天地神人的玄妙邏輯，還你一個有仙氣又有煙火氣的大千世界！本書以妖魔鬼怪、神佛仙聖為題，透過觀察這些魑魅魍魎，趣味理解宗教文化，並從中反觀人間生活。作者試圖重構一個飽滿、幽默、有情的幽微世界，把神明妖怪重新帶向人間，也把人間帶給他們。

◎智慧的河流——談西洋哲學的發展（增訂二版）

卓心美／編著

希臘神話與哲學有什麼關係？「吾愛吾師，但吾更愛真理。」是哪位哲人覺得真理高於權威呢？何人以駱駝、獅子、小孩比喻人的精神的三種變化？他想傳達什麼？你對知識探求的態度，是「螞蟻囤糧」？還是「蜘蛛結網」？抑或「蜜蜂釀蜜」？如果你的思緒已被上述的哲學小語激發了，那就翻開這本書一探究竟吧！

國家圖書館出版品預行編目資料

乖，你聽畫：希臘羅馬人間篇——人生好難，眾神還來亂？那些西洋古典藝術的人間修煉場／葵花子著. ——初版一刷.——臺北市：三民，2023
面； 公分.——(歷史天空)

ISBN 978-957-14-7690-2（平裝）
1. 希臘神話 2. 羅馬神話 3. 藝術欣賞

284.95 112013436

歷史天空

乖，你聽畫：希臘羅馬人間篇——人生好難，眾神還來亂？那些西洋古典藝術的人間修煉場

作　　者｜葵花子
責任編輯｜翁子閔
美術編輯｜黃子庭

發 行 人｜劉振強
出 版 者｜三民書局股份有限公司
地　　址｜臺北市復興北路 386 號 (復北門市)
臺北市重慶南路一段 61 號 (重南門市)
電　　話｜(02)25006600
網　　址｜三民網路書店 https://www.sanmin.com.tw

出版日期｜初版一刷 2023 年 9 月
書籍編號｜S740750
I S B N｜978-957-14-7690-2

三民書局